Danke fürs Fremdgehen, du Arsch!

Bibliografische Information der Deutschen Nationalbibliothek:
Die Deutsche Nationalbibliothek verzeichnet diese Publikation in der Deutschen Nationalbibliografie; detaillierte bibliografische Daten sind im Internet über http://dnb.dnb.de abrufbar.

Autor: Martina Steiner, Anna Brinkhofer
Lektorat: Ines Bergfort
Umschlaggestaltung, Illustration, Layout: Carmen Fibranz

Herstellung: news-media e.K., Marl

ISBN: 978-3-9821089-5-7

Inhaltsverzeichnis

Dieses Buch ist für `n Arsch...

Wir verändern uns nur, wenn wir uns verändern wollen.

Gerhard Roth

Vorwort

Noch ein Buch über Trennung, Betrug und Verlassenwerden? Wir sehen schon potenzielle Leser die Augen verdrehen und sich fragen, was das soll. Die Fülle an Literatur zum Thema ist erschlagend. Es ist für jeden etwas dabei, selbstverständlich mit vielen guten Tipps und Ratschlägen. Wozu also ein weiteres Buch?

Dazu muss man wissen, dass wir beruflich nichts mit Paartherapie oder Ähnlichem zu tun haben. Wir sind Organisationsentwicklerinnen. Wir beraten Menschen, Teams und Organisationen in Veränderungsprozessen und begleiten sie bei ihren Entwicklungsaufgaben. Uns geht es darum zu verstehen, warum Teams und Organisationen funktionieren, wie sie funktionieren und warum Menschen so handeln, wie sie handeln.

Seit vielen Jahren beobachten wir, dass trotz neuer Modelle und Methoden eines gleich geblieben ist: die Reaktionen und Verhaltensweisen der Menschen, wenn es um Veränderungen geht. Viele glauben, dass man Menschen nur lange genug die passenden Argumente liefern muss, um Veränderung zu leben. Wir haben andere Erfahrungen gemacht. Unser kluges Unbewusstes tut nur das, wovon wir auch wirklich überzeugt sind. Nur wenn das Neue einen besonderen Reiz ausübt, wenn eine wirklich attraktive Belohnung wartet und uns neue Gewohnheiten verlockend genug erscheinen, sind wir bereit, unsere Komfortzone zu verlassen. Oder fällt es euch leicht Sport zu treiben, nur weil es gesund ist, weniger Fleisch zu essen, weil man damit das Klima schützt oder mit dem Rauchen aufzuhören, weil jede Zigarette das Leben verkürzt? So überzeugend all diese Argumente sind, wir tun es nicht. Was hält uns ab? Und was hat das, bitte schön, mit Trennung und Betrug zu tun?

Wenn wir mit Organisationen arbeiten, sind wir als systemische und psychodynamische Coaches ganz nah an den Menschen. Wir stellen viele Fragen, hören zu und versuchen zu verstehen, welche Motive die bzw. den Einzelnen antreiben. Wir sprechen im beruflichen Kontext, aber in den wenigsten Fällen geht es nur um Berufliches. Oder gibt es in deinem Unternehmen Umkleidekabinen, in denen du dein Privatleben ablegen, gegen das Berufsleben austauschen und dann frisch und munter den Tag beginnen kannst? Das Privatleben hat immer auch Auswirkungen auf unser Berufsleben und umgekehrt. Wenn also ein Mensch einen Schicksalsschlag erleidet, z.B. von Krankheit, Tod oder Trennung betroffen ist, ist das ein ganzheitliches Lebensthema. Entsprechend betrachten wir uns selbst, wie auch die Menschen, die wir in Organisationen begleiten. An dieser Stelle betonen wir ausdrücklich, dass wir weder in unserer Arbeit noch mit diesem Buch therapieren oder Lebensberatung anbieten wollen. Was uns vielmehr beschäftigt, ist die Frage, warum wir Menschen uns manchmal so schwer tun, wenn das Leben passiert? Warum wir Zeit mit Themen und Menschen verbringen, die uns nicht guttun?

Achtsamkeit im Umgang mit der Zeit, sowohl mit meiner eigenen Zeit als auch mit der anderer, das ist der rote Faden in unserer Arbeit. Der Schlüssel dafür liegt in der Selbstverantwortung jedes Einzelnen im Umgang mit sich selbst und im Umgang mit den Menschen, von denen er umgeben ist. Es geht darum, die Zeit sinnvoll zu nutzen und sich seiner selbst bewusst zu werden: „Wer bin ich?“, „Was tut mir gut?“, „Was ist mir wichtig?“. Und seien wir doch ehrlich, der Blick in den Spiegel tut nicht immer gut und mag zuweilen auch verstören. Dennoch hilft er uns, uns besser kennenzulernen. Wichtig ist der Umgang mit den Erkenntnissen, die wir gewinnen.

Ganz im Sinne von Viktor Frankl: „Eine unserer größten Freiheiten ist zu entscheiden, wie wir auf die Dinge reagieren."

Letzten Endes geht es darum, Selbstsicherheit zu entwickeln, die eigenen Bedürfnisse klar zu kommunizieren und konsequent danach zu handeln. Durchaus auf die Gefahr hin, den Erwartungen anderer nicht zu entsprechen und immer nur, so lange wir anderen nicht absichtlich Schaden zufügen.

Mit Betrug und Trennung beschäftigen wir uns, weil wir selbst Betroffene sind. Weil wir plötzlich mit Themen konfrontiert waren, von denen wir dachten, dass sie nur andere betreffen. Weil wir festgestellt haben, dass unsere berufliche Herangehensweise nicht nur für andere hilfreich ist, sondern auch für uns selbst. Sie ermöglicht uns einen anderen Umgang mit einer solchen Ausnahmesituation.

Dieses Buch ist keine Autobiographie! Es geht uns nicht darum, unsere persönlichen Schicksale öffentlich zu machen oder mit etwas oder jemandem abzurechnen. Es geht darum, dieses schwierige Thema aus verschiedenen Perspektiven zu beleuchten, Fragen aufzuwerfen und zu diskutieren. Wir wollen Dynamiken aufzeigen und Denkanstöße geben, damit die eine oder der andere für sich eine Antwort auf diese Fragen finden kann.

Wir haben mit vielen Menschen gesprochen und gearbeitet, die in ähnlichen Situationen sind oder waren. Es ist ein bisschen so, als sei man schwanger – plötzlich trifft man scheinbar nur noch auf Gleichgesinnte. Menschen, die betrogen wurden. Menschen, die betrogen haben. Wir haben Trennungen erlebt und Neustarts.

Wir wissen selbst, wie es sich anfühlt, wenn man belogen und betrogen wird. Wir haben geweint, bis keine Tränen mehr da waren. Wir haben uns im Kreis gedreht und immer wieder die gleiche Frage gestellt: Warum? Wir hatten schlaflose Nächte, endlose Diskussionen, wundervolle Freunde, die für uns da waren und wir hatten gute Begleiter. Wir sind auf einem guten Weg. Wenngleich längst nicht alle Fragen beantwortet sind, wurde jedoch eines ganz deutlich: Jede Geschichte, so ähnlich sie auch klingen mag, ist einzigartig, weil wir als Menschen einzigartig sind. Damit sind auch die Lösungen für jeden von uns einzigartig. Genau da setzt unser Buch an. Finde deine eigene Lösung!

Ach so, eines ist noch wichtig zu erwähnen: Wir haben aus der ICH-Perspektive geschrieben. Hinter den Fragen und Geschichten verbergen sich viele Autoren und Autorinnen, die nicht genannt werden wollen. Wir beide haben zwar vieles selbst erlebt, aber glücklicherweise nicht jede der Geschichten. Man muss ja nicht alles mitnehmen.

Wenn unsere Gedanken und Gefühle euch eine kleine Hilfestellung sind, und sei es nur, zu wissen, man ist mit diesem Thema nicht allein, dann erfüllt uns das mit tiefer Freude.

Eure
Autorinnen

Der Super-GAU

Der Mensch ist nur zu dem verführbar, wofür er eine innere Bereitschaft hat.

Mohsen Charifi

Es ist passiert!

Katastrophen-Tage fangen meist mit Sätzen an wie „Wir müssen reden“ oder „Ich weiß gar nicht, wie ich es dir sagen soll“. Mein Super-GAU-Tag beginnt an einem Sonntagmorgen, als ich meinen Mann frage, was denn eigentlich los sei. Als er antwortet: „Ich weiß gar nicht, wie ich es dir sagen soll!“, höre ich das Blut in meinen Ohren rauschen. Mir ist sofort klar, dass er sich von mir trennen will. Warum ich das weiß? Keine Ahnung. Also stelle ich fest: „Du willst dich von mir trennen.“ Er nickt. „Ich liebe dich nicht mehr.“ Ich sehe unsere gemeinsame Zukunft vor meinem geistigen Auge auf dem Boden zerschellen wie eine Suppenschüssel. Tausend Fragen schwirren mir durch den Kopf. „Hast du eine andere?“ Er nickt. „Seit wann?“, „Wie kennen gelernt?”, „Wer ist sie?“ Eine Frage folgt der anderen und keine wird wirklich beantwortet. Wie ein Häufchen Elend sitzt er vor mir. Der Mann, mit dem ich alt werden wollte. Der Mann, mit dem ich gerade einen großen Urlaub geplant habe. Ich könnte kotzen. „Wieso redest du nicht mit mir? Wieso hast du gleich eine andere?“ Auch diese Fragen werden nicht beantwortet. Auf das „Warum“ antwortet er doch tatsächlich, es sei einfach passiert. Für ihn scheint damit alles sonnenklar zu sein. Ich verstehe die Welt nicht mehr. Er hat eine Entscheidung getroffen, die uns beide betrifft, nur habe ich kein Mitspracherecht.

Im Prinzip wissen wir alle, dass es nicht einfach passiert. Denn wenn „es“ einfach passieren würde, hätte man ja keine Kontrolle über sein Handeln. Im Kern würde das bedeuten: Ich hatte keinen Einfluss darauf. Das Ereignis war oder ist ein schicksalhafter Prozess. Und das Schicksal kann durchaus wieder zuschlagen[1]. Als ob MANN einfach so in eine andere Frau hineinfällt. „Sowas passiert nicht einfach. Das muss man wollen“, sage ich und ernte wiederum nur Schweigen. Ätzend.

Egal welche Geschichte wir hören, sie scheinen sich alle zu gleichen. Gestern schien alles noch gut, heute steht man vor den Trümmern seiner Beziehung. Das Leben hat eine Vollbremsung hingelegt. Nichts deutete darauf hin, dass der Fuß schon eine Weile auf dem Bremspedal stand. Zumindest nicht für uns. Das Tragische ist, egal mit welcher Frau wir sprechen, der Idiot von Kerl hat keine plausible Erklärung für sein Verhalten. Aus Sicht der Frau, versteht sich. Aus seiner Sicht natürlich schon. Von „mit ihr kann ich das Leben leben, von dem ich immer geträumt habe" über „wir sind einfach auf derselben Wellenlänge" bis hin zu „es ist einfach passiert" ist alles dabei.

Studien, die Untreue untersuchen, kommen meist zu dem Ergebnis, dass das Problem in der Beziehung selbst liegt. Ist das so? Muss eine Beziehung wirklich schlecht sein, wenn einer von beiden fremdgeht?

Fakt ist: Niemand verwandelt sich über Nacht in einen Fremdgeher. Er oder sie schlägt diesen Weg zunächst unbewusst ein und geht ihn dann langsam und unbemerkt weiter[2]. Es fängt damit an, dass die Partner sich voneinander abwenden und die Emotionen des anderen ignorieren oder nicht mehr so ernst nehmen. In den vielen Gesprächen, die wir mit Frauen geführt haben, entstand der Begriff der „To-do-Beziehung". „Wir haben nur noch funktioniert." Was folgt, ist eine Phase bedauerlicher Zwischenfälle und Missverständnisse, aus der zunehmend Negativität und schließlich Misstrauen erwachsen. In der Psychologie spricht man vom Zeigarnik-Effekt. Die russische Psychologin Bljuma Wulfowna Zeigarnik hatte entdeckt, dass man sich an unerledigte Aufgaben besser erinnert als an abgeschlossene. [3] John Gottman wendet das auf die Konflikte von Paaren an.

Wenn sie nicht gelöst werden, beginnen sie das Erleben des Paares zu dominieren. Die negativen Gefühle nehmen überhand. Das heißt, jedes Missverständnis, jede falsche Reaktion wiegt gefühlt tausendmal schwerer als die positiven Erlebnisse. Die positive Bindung zueinander geht verloren. Die zunehmende Unzufriedenheit wird verdrängt oder im inneren Monolog kleingeredet. Um möglichen Konflikten aus dem Weg zu gehen, spricht man nicht mehr über die eigenen Bedürfnisse. Dieses Vorgehen ist ein durchaus anerkennenswerter Versuch, die Beziehung zu retten. Die Frage ist nur, ob er zum gewünschten Erfolg führt. Wohl eher nicht, denn meist bewirkt eine solche Konfliktvermeidungsstrategie eher das Gegenteil und die Türen für Untreue öffnen sich. Der Mann, von dem wir glauben, dass er uns liebt, fängt an, uns mit seiner „Neuen" zu vergleichen – mit dem Ergebnis, dass wir schlecht abschneiden. Die Sozialpsychologin Caryl Rusbult[4] fand heraus, dass in einer Beziehung mit starkem Commitment schon früh positive Vergleiche angestellt werden, welche die Partner darin bestätigen, dass der andere der Richtige für sie ist. In Phasen, in denen dieses Commitment ins Negative kippt, empfindet der Partner eine Art „Kaufreue" und glaubt, er könne etwas Besseres haben oder habe gar Besseres verdient. Die negativen Gefühle nehmen zu, die Beziehungsgeschichte wird zunehmend schwieriger, Probleme werden nicht mehr mit der eigenen Partnerin, sondern mit der Neuen besprochen, die Verbundenheit mit der Partnerin geht verloren, Geheimniskrämerei und Lügen stellen sich ein, eine kleine Grenze nach der anderen wird überschritten.

Gefühle lassen sich bekanntermaßen wenig steuern. Schmetterlinge im Bauch sind einfach etwas Großartiges. Das Leben fühlt sich plötzlich wieder leicht an, bringt Freude und Neues. Bis dahin sind wir bereit zu akzeptieren, dass „es passiert" ist. Aber alles, was danach kommt, ist ein bewusster Prozess. Wir entscheiden uns bewusst dafür, dem Reiz des Verbotenen nachzugeben. Was damit anfängt, sich auf einen unverfänglichen Kaffee zu treffen, geht schleichend über in das Beantworten von Mails und WhatsApp-Nachrichten, führt zu langen Telefonaten, man öffnet sich Stück für Stück, stellt sich vor, was sein könnte und landet schließlich im Bett.

Jorge Bucay nennt zwei Voraussetzungen, die nötig sind, um sich zu verlieben:

1. Zum einen muss der andere eine Fähigkeit oder Qualität haben (oder ich muss sie in ihm vermuten), die ich überschätze.
2. Und zum anderen muss ich in „Verliebtheitsbereitschaft" sein, also bereit sein, die rationale Kontrolle über mein Handeln zu verlieren und mich zu verlieben.[5]

Mit „es ist passiert" hat das alles nichts zu tun. Bevor ich nicht bereit bin, mich von dieser Leidenschaft überwältigen zu lassen und solange ich es ablehne, die Kontrolle zu verlieren, werde ich mich nicht verlieben. „Es ist passiert" ist zu einfach. Hier fehlt der Eigenanteil. Hier fehlt, dass man für sein Handeln Verantwortung übernimmt. Wir mögen vielleicht nicht für unsere Gefühle verantwortlich sein, wir sind aber ganz sicher für das verantwortlich, was wir mit unseren Gefühlen anstellen.[6] Verantwortung zu übernehmen heißt unter anderem, frühzeitig anzusprechen, dass sich gerade etwas verändert. Sobald ich den Dingen ihren Lauf lasse, ohne mit dem Partner zu reden, entscheide ich mich aktiv für Lüge und Betrug. Übrigens kann „reden" auch bedeuten, dass man sich trennt, bevor eine dritte Person ins Spiel kommt.

Manchmal ist ein harter Schnitt auch eine gute Lösung.

Also: Reden hilft. Wie immer im Leben. Aber vielleicht hat er das ja, geredet. Habe ich nicht zugehört? Oder war es so leise, dass ich es gar nicht hören konnte? Wollte ich es überhaupt hören? Welchen Beitrag habe ich als seine Frau geleistet, dass es so weit gekommen ist? Und welche Rolle spielt diese andere Frau? Diesen und vielen anderen Fragen gehen wir auf den folgenden Seiten nach. Eines ist jedoch sicher: Es ist nicht einfach passiert!

„Ich wünsch dir noch 'n geiles Leben, mit knallharten Champagner-feten."

Songtext von Glasperlenspiel

Ich wünsch dir noch´n geiles Leben

„Ich wünsche dir ein schönes Leben“. Das sind meine letzten Worte an ihn. Wir stehen unsicher voreinander, dann dreht er sich um und geht zu seinem gepackten Auto. Ich bleibe zurück. Wie in Trance setze ich mich hin und starre ins Leere. Ein Gedanke jagt den anderen. Einer dominiert. Nie wieder! Nie wieder werden wir gemeinsam lachen. Nie wieder gemeinsam am Strand entlang gehen. Nie wieder gemütlich auf der Terrasse sitzen und Wein trinken. Nie wieder gemeinsam Urlaub machen. Nie wieder Sex. Dann schiebt sich das Bild der anderen Frau, die ich nicht kenne, in den Vordergrund. Sie hat all das jetzt. Ich ertappe mich dabei, dass ich mich ein wenig für sie freue. Sie hat den tollen Typen, den ich nicht mehr habe.

Nie wieder!

Und was ist mit all den Dingen, die wir noch gemeinsam vorhatten? „Wenn die Kinder erst größer sind, dann (...)", „Wenn wir beide weniger arbeiten, dann erfüllen wir uns (...)", „Wenn wir wieder mehr Zeit haben, können wir uns endlich wieder mehr umeinander kümmern." Hätte, wäre, könnte...

Es tut so weh, dass ich mich zusammenknäulen und ins nächste Mauseloch verschwinden möchte. Ich habe nicht mal die Kraft zu weinen, so groß ist die Traurigkeit und Enttäuschung. Fühlt es sich so an, wenn jemand stirbt? Fühlt sich so Endgültigkeit an? Geht das vorbei? Wann geht das vorbei? Warum muss das so weh tun? Wo ist die Vorspultaste? Auf keine dieser Fragen habe ich eine Antwort. Und zwischendurch immer wieder der Gedanke „Das hat er doch nicht ernst gemeint, das kann einfach nicht sein!".

Trennungsschmerz erleben wir nicht nur emotional, sondern auch körperlich. Forscher der Universität Tübingen fanden heraus, dass bestimmte Hirnareale bei Frauen nach einer Trennung kurzzeitig nicht mehr richtig arbeiten. Und zwar sind dies die Regionen, die für Emotionen, Antrieb und Motivation zuständig sind und die, die das Schlaf- und Essverhalten steuern. Aber vor allem leiden Frauen seelisch. Die Gedanken kreisen um das verlorene Liebesglück – und das pausenlos und gegen jede Vernunft.[7]

Häufig machen wir uns sogar Selbstvorwürfe: „Warum habe ich das nicht kommen sehen?" Wir suchen die Fehler nicht bei anderen, sondern bei uns selbst. Diesem Teufelskreis entkommt man nur in der eigenen Geschwindigkeit und mit viel Geduld.

Wir kennen das aus dem Bereich der Sucht. Interessanterweise hat Dietrich Klusmann, Evolutionspsychologe am Universitätsklinikum Hamburg-Eppendorf, dies sogar bestätigt, als er sagte, dass die menschliche Liebesbeziehung einer Sucht ähnelt. Es sind ähnliche Bereiche im Gehirn aktiv. Der geliebte Partner ist das Signal, das dieses System aktiviert und das Glücksgefühl auslöst. Und dieses Signal möchte man immer wieder haben.[8]

Um der Sucht zu entkommen, ist vor allem Mut vonnöten, um den Tatsachen ins Gesicht zu blicken und einzusehen, dass nichts so bleiben wird, wie es einmal war. Der erste Schritt wäre also, das „Nie wieder!" als Tatsache anzunehmen und für sich zu überlegen: Wer bin ich eigentlich, wie möchte ich leben – ohne ihn. Oder, um es mit Nietzsche auszudrücken: Um sich wirklich gegenseitig gut zu sein, müsse sich jeder erst einmal selbst gut sein.

Solange wir nicht akzeptieren, dass wir allein sind, benutzen wir den anderen nur als Schutzschild gegen die Einsamkeit.[9]

Wer sich permanent die schönen Momente vor Augen führt und dazu die gemeinsamen Lieblingssongs spielt, wird länger leiden als jemand, der versucht, den Teufelskreis der Gedanken zu durchbrechen.

„Abhaken, neu starten, auf sich selbst vertrauen, gute Eigenschaften an sich entdecken und pflegen und lernen, sich zunächst selbst genug zu sein", rät Dr. Frauke Höllering.[10] „Nur wer herzhaft leben kann wie der Adler, kann sich einem anderen in Liebe zuwenden".[11]

Dr. Mohsen Charifi hat diesen Gedanken aufgegriffen und ein wundervolles Bild dafür gefunden. Man stelle sich vor, jeder Partner wäre eine Säule. Die Beziehung der beiden wird durch die beiden Säulen getragen. Kippt eine der beiden Säulen oder steht sie schräg, weil ein Partner vom anderen abhängig ist und sich anlehnt, verliert die Beziehung an Stabilität. Nur wenn jede Säule für sich stabil ist, kann die Beziehung stabil sein. Womit wir wieder bei der entscheidenden Frage sind: „Wie möchtest du leben?" Oder anders ausgedrückt: Ich wünsch' MIR noch ´n geiles Leben.

Wie möchtest du leben? Hast du dir darüber jemals Gedanken gemacht? Was ist dir wichtig?

Wenn man nicht
weiterweiß
Und nicht
weiterkommt,
steht man vor
dem Tor der
Persönlickeits-
entfaltung.

Mohsen Charifi

Du bist das Beste, was dir passieren kann.

Es ist ein seltsames Gefühl, wieder allein zu sein. So vieles geht mir durch den Kopf. „Mit wem trinke ich denn jetzt abends ein Glas Wein?“, „Mit wem fahre ich Motorrad?“, „Wie mache ich das mit den Kindern?“

Wie geht es nun weiter?

Eines eint die vielen verlassenen, betrogenen Frauen, mit denen wir gesprochen haben: dicke fette Fragezeichen. Aber ganz nach dem Motto: „Hinfallen, aufstehen, Krönchen richten, weitergehen“ rappeln sie sich wieder auf, krempeln die Ärmel hoch, räumen auf, räumen um, werfen weg, richten sich neu ein, gehen zum Friseur und stylen sich um. „Wenn ich ehrlich bin: Nach der Trennung habe ich leben gelernt“, sagte meine Freundin. Wieso eigentlich erst jetzt?

Ich erinnere mich gut, wie ich die ersten Tage nach der Trennung wie ein Häufchen Elend in der Ecke gesessen habe. Bildlich gesprochen. Natürlich habe ich das nicht. Ich habe funktioniert. Als Mutter. Als Tochter. Als Chefin. Als Nachbarin. Und überhaupt. Meine Selbstkontrolle hat die Zügel in die Hand genommen. Gemerkt hat mein Umfeld es nur, wenn ich manchmal geistesabwesend vor mich hingestarrt habe, mir plötzlich aus heiterem Himmel die Tränen liefen und ich irgendwie ruhiger war als sonst. Na ja, am Essverhalten war es auch erkennbar. Während viele sich mit Schokolade trösten, vergeht mir der Appetit, wenn ich Probleme habe. Dann starre ich in die Suppe und irgendwann starrt die Suppe zurück. Könnten wir kommunizieren, wären wir beide sicherlich einer Meinung: lass es einfach. Und dann lasse ich es einfach.

Nervig waren auch Aussagen wie „Der kommt bestimmt zurück“, oder „Das ist doch nur die Midlife-Crisis“. Zwar stirbt die Hoffnung zuletzt, aber das hilft ja nicht. Ich kann doch nicht mein Leben on hold stellen und darauf warten, dass der Kerl zurückkommt. Zumal ich noch nicht mal wirklich weiß, ob ich ihn überhaupt zurück haben will. Also muss ich allein klarkommen.

Spätestens jetzt scheiden sich die Geister. Während die einen im Auf und Ab zwischen „ich schaff das, ich schaff das nicht“ verharren, nehmen die anderen ihr Leben in die Hand. Ich sage das ohne Wertung. Aber mir war es schon immer wichtig, eigenständig zu sein. Vielleicht war das mein Verhängnis oder einer der Gründe, weswegen mein Mann sich anderweitig orientiert hat. Ich halte es da gerne mit Jorge Bucay: Ich will, dass du mich hältst, ohne mich festzuhalten.[12]

Ich brauche meinen Mann nicht, um zu überleben. Wenn ich etwas kann, dann allein für mich sorgen. Und trotzdem. Ich weiß nicht, wie lange es gedauert hat, bis ich wieder durchschlafen konnte. Wie lange ich brauchte, bis der Schlaf wieder erholsam war. Wie lange es gedauert hat, bis ich es wieder ertragen konnte, glückliche Paare zu sehen. Wie viele Ratgeber ich gelesen habe, um herauszufinden, wie lange diese mistige Phase dauert, nur um mich dann vor der Veränderungskurve von Kübler-Ross[13] wiederzufinden. Was für ein Scheiß. Fast so gut wie die schlauen Sprüche: „Das wird schon wieder“ oder, um Nietzsche zu bemühen: „Was mich nicht umbringt, macht mich stärker“.

Was ich in der Zeit wirklich gelernt habe: Jeder heilt auf seine Weise und in seiner Geschwindigkeit. Aus meiner Sicht ist es wichtig, sich bewusst zu werden, was gerade passiert und warum es passiert. Ja, das klingt rational und nach Analyse. Aber Einfluss auf mein Leben habe ich nur, wenn ich am Steuer sitze. Andernfalls passiert das Leben einfach – und genau das gilt es zu vermeiden.

Was mir geholfen hat? Ich habe genau das getan, was ich intuitiv nicht wirklich wollte. Ich bin unter Menschen gegangen, um mich nicht einzuigeln. Ich bin der Empfehlung von Manfred Spitzer gefolgt, der das Thema Einsamkeit erforscht hat und habe mich in der freien Natur bewegt. „Ein 90-minütiger Spaziergang in der Natur reduziert insbesondere das Grübeln, also das fast zwanghaft erfolgende ängstliche Nachdenken über sich selbst", so Spitzer.[14] Und er hat recht. Es tat gut. Ich habe mir erlaubt, glücklich zu sein, wütend zu sein, traurig zu sein, ängstlich zu sein und mich zu fragen, was das gerade ist, was mich da beschäftigt. Und nicht zuletzt bin ich ein Fan des Stufenmodells der Verhaltensveränderung von Di Clemente/Prochaska[15], in der zwei Dinge berücksichtigt sind, die in der Veränderungskurve nach Kübler-Ross nicht vorkommen: die Absichtslosigkeit und der Rückfall. Da dieses Modell vorzugsweise in der Suchttherapie Anwendung findet, spielt die Einsicht eine große Rolle. Solange ich nicht einsehe, dass ich ein Problem habe, nutzen mir die besten Ziele nichts. Ich werde sie nicht erreichen. Und wenn ich dann auf dem Weg der Veränderung bin, wird meistens ignoriert, dass auch der optimistischste Mensch einen schlechten Tag haben und in alte Verhaltensmuster zurückfallen kann. Der Rückfall berücksichtigt das. Wichtig ist, dass dann schon eine Strategie erarbeitet wurde, die im Falle eines Rückfalls hilfreich sein könnte, um die Flinte nicht ins Korn zu werfen.

Ich habe akzeptiert, dass ich allein sein werde (Einsicht) und es war mir klar, dass ich immer wieder zu einem Häufchen Elend mutieren kann, mich selbst bedauern und meinem Umfeld auf den Geist gehen werde (Rückfall). Also habe ich meine engsten Vertrauten darauf vorbereitet, dass ich in solchen Situationen auf sie zukommen würde. Sie waren dann für mich da, haben mir zugehört und manchmal auch den Kopf gewaschen. Sie wussten immer, was ich gerade brauchte und was mir guttat.

Jorge Bucay ist der Ansicht, dass wir am Ende dieses Prozesses auf folgende Wahrheit stoßen werden: Schmerz ist für unsere persönliche Weiterentwicklung unverzichtbar, Verluste sind ein notwendiger Bestandteil unseres Reifungsprozesses, und der wiederum hilft uns, unseren Weg zu finden.[16]

Wohl wahr. Irgendwann werde ich vermutlich dankbar dafür sein, dass mein Mann fremdgegangen ist. Vorstellen konnte ich mir das damals nicht. Ich habe mich daher auch entschlossen, mich professionell unterstützen zu lassen. Eine weise Entscheidung, wie ich heute weiß: Ohne meinen Coach wäre ich nicht da, wo ich bin. Zu Beginn unserer Zusammenarbeit meinte er: „Du bist das Beste, was dir passieren kann."[17] Die wichtigste Beziehung in meinem Leben, die es in dieser Zeit zu pflegen galt, war die zu mir selbst.

Wie sieht deine Beziehung zu dir selbst aus?

Hoffe nicht,
dann hat das
Schicksal
keine MACHT
über dich.

Mohsen Charifi

Der Moment, ab dem es besser wird

Die Hoffnung stirbt zuletzt. Das war bei mir nicht so. Gott sei Dank, kann ich heute sagen. Ich erinnere mich genau an den Moment, von dem an es mir besser ging. Eine gute Freundin schenkte mir einen Tischaufsteller mit Zitaten. Ich blätterte ein wenig darin und blieb auf einer Seite hängen, auf der stand: „Hoffe nicht, dann hat das Schicksal keine Macht über dich."

Seit der Trennung waren einige Wochen vergangen, in denen ich mich jeden Tag fragte, wann es denn endlich besser werden würde. In vielen Ratgebern las ich, dass es mindestens ein Jahr dauern werde. Eine grausige Vorstellung, so lange so leben zu müssen. Als ich jedoch das Zitat nochmals las, wurde mir klar, was mir im Weg stand. Ich hoffte noch. Als würde ich irgendwann aufwachen und alles wäre nur ein schlechter Traum gewesen. Ich wollte nicht akzeptieren, dass die Situation nun war, wie sie war. Die Hoffnung stirbt zuletzt, sagt man. Aber was ist Hoffnung eigentlich und woher kommt sie?

Für das Phänomen Hoffnung gibt es in der Psychologie keine eindeutige Definition. Häufig wird darunter die Erwartung verstanden, dass in der Zukunft ein erwünschtes Ziel erreicht wird. Während einige Forscher stärker die kognitive Komponente der Hoffnung betonen, verstehen andere Hoffnung als eine Emotion bzw. einen affektiven Zustand.[18]

Mohsen Charifi ist der Ansicht, dass kaum ein Wort so viel Zuversicht, Vertrauen und Kraft vermittelt wie die wenigen Buchstaben, die „Hoffnung" ergeben. Indem wir jedoch alles der Hoffnung überlassen, neigen wir dazu, sie zu missbrauchen. Beziehungsprobleme, berufliche Konflikte, körperliche Beschwerden oder viele weitere

Dinge, die uns Unbehagen bereiten, sind Herausforderungen, Erfordernisse, Aufgaben und unvermeidbare Facetten des Lebens. Wenn wir all dem nur mit Hoffnung begegnen und eine passive Haltung einnehmen, das heißt, wenn wir ewig darauf warten, dass sich die Probleme von selbst lösen, begeben wir uns in eine gefährliche Illusion, weil wir die Verantwortung für unser Leben aus der Hand geben.[19] „Hoffnung ist in Wahrheit das übelste der Übel, weil sie die Qual der Menschen verlängert." Da hat Nietzsche irgendwie recht.

Ich las das Zitat „Hoffe nicht, dann hat das Schicksal keine Macht über dich" mehrere Male, ließ es mir auf der Zunge zergehen und entdeckte darin viel Wahrheit für mich. Wie sollte es besser werden, wenn ich mich immer noch der Hoffnung hingab, alles würde wieder so werden wie früher? Das Festhalten an Vergangenem verstellte mir den Blick auf ein „Stattdessen", auf neue Optionen, die das Leben für mich bereit hielt. Also traf ich die Entscheidung, der Hoffnung den Rücken zu kehren und vereinbarte einen Termin mit meinem Coach, um herauszufinden, wie ich das wohl am besten anstellen könnte.

In der Supervision gelangte ich zu der Erkenntnis, dass es vor allem die tiefe Liebe zu meinem Ex-Partner war, die ich noch immer empfand und die meine Hoffnung nährte. Also fragte ich mich: „Wie kann ich mich entlieben?" Was kann ich tun, um diese Gefühle für ihn loszuwerden, so wie er das ja offenbar auch konnte? Entlieben. Wie geht das? Ich habe mich sehr lange mit dieser Frage auseinandergesetzt und mit meinem Coach darüber gesprochen. Eines Morgens schließlich wachte ich mit einer erleichternden Antwort auf: Ich muss mich gar nicht entlieben! Meine Liebe zu ihm darf sich zukünftig auf eine andere Weise zeigen, in der Liebe zum Vater meiner Kinder, vielleicht irgendwann in der Liebe zu einem guten Freund. Das nahm mir ganz viel Druck, denn ich wollte im Grunde meines Herzens gar nicht, dass diese Liebe einfach geht.

Dieser Morgen war ein echter Wendepunkt für mich. Ich merkte, wie ich mehr und mehr in neuen Optionen denken und handeln konnte. Ich fing an, meine aktuellen Lebensumstände in Frage zu stellen:

Will ich zukünftig in dieser Stadt, diesem Haus,
diesem Umfeld leben?

Was möchte ich beruflich machen?

Welchen Hobbies will ich mich wieder mehr widmen?

Wie organisiere ich zukünftig die Kinderbetreuung,
um Zeit für mich zu haben?

Kann ich mir einen neuen Partner vorstellen?

Wie sollte er sein, was ist mir für eine neue Partnerschaft wichtig?

Plötzlich bestimmten nicht mehr Gedanken aus der Vergangenheit, sondern Fragen zu meiner Zukunft mein Denken und mein Handeln. Dazu hatte ich bis zu diesem Zeitpunkt keinen Zugang.

Ich schaute mir Wohnungen an, um herauszufinden, wie sich ein Ortswechsel wohl anfühlen würde. Nachdem ich die Entscheidung getroffen hatte, erst einmal zu bleiben, wo ich war, renovierte und gestaltete ich um. Ich meldete mich auch bei Parship an.

Gar nicht mit der Intention, eine neue Partnerschaft einzugehen, sondern um mich da mal umzusehen und meinen Marktwert zu checken... :-)

Ich begann, wieder Sport zu treiben, nutzte Gelegenheiten, in denen ich etwas Neues für mich entdecken konnte und nahm so viele Einladungen und Verabredungen wahr wie möglich. Anfangs kosteten mich diese Aktivitäten viel Kraft, aber danach war ich jedes Mal erfüllt und stolz, dass ich mich wieder einen Schritt nach vorn gewagt hatte.

Am Tag, bevor mein Mann mich aus heiterem Himmel fragte, ob ich mir vorstellen könnte, unserer Beziehung noch eine Chance zu geben, hatte ich ein langes Telefonat mit einem alten Bekannten. Am Schluss des Gespräches fragte er mich, was ich tun würde, wenn mein Mann doch zurückkäme. Ich antwortete ihm: „Ich habe mich entschieden, nicht mehr darüber nachzudenken."

Was sagt dir deine Hoffnung? Brauchst du sie noch? Wofür?

Hoffnung? Wofür?

Mit den Flügeln der Zeit fliegt die Traurigkeit davon.

Theodor Fontane

Wie lange darf man traurig sein?

Direkt nach der Trennung habe ich ihn ständig gesehen. Ich habe sein Lachen gehört, seinen Duft gerochen. Tausend Dinge haben an ihn erinnert. Eine gut gemeinte Frage und ich löste mich in Tränen auf. Als er sagte, dass er wieder zurückkommen wolle, dachte ich, es werde besser. Es wurde nicht besser, nur anders. Die Tränen liefen immer noch unkontrolliert. Dieses Mal aber eher, weil ich einfach nicht glauben konnte, was passiert war. Zweideutige Witzeleien und anzügliche Bemerkungen waren für mich rote Tücher. Ein falsches Wort und ich hätte ausrasten können. Manchmal saß ich allein zu Hause und fragte mich, warum ich das nicht einfach alles hinter mir lassen konnte. Fast zwei Jahre ist es jetzt her, dass er sich von mir getrennt hat und wir wieder zusammengefunden haben. Trotzdem fühlt es sich immer wieder an, als sei es gestern gewesen. Die ganze Geschichte baut sich wie ein riesiger Berg vor mir auf und ich fühle mich durch die Ungeheuerlichkeit der Lügen und des Betrugs erschlagen. Mittlerweile verstehe ich, warum es Selbsthilfegruppen gibt. Da brauche ich mich für meine Gefühle und Gedanken wenigstens nicht zu schämen. Mein Umfeld ist direkt nach dem Neustart zur Tagesordnung übergegangen. Ah, ihr seid wieder zusammen. Na, dann ist ja alles gut. Einer sagte sogar zu mir, ich solle mich nicht so anstellen, er sei ja wieder da. Echt jetzt? Wenn ich so in mich hinein höre, ist gar nichts gut. Ich bin wütend, traurig, resigniert und weiß nicht, wohin mit meinen Gefühlen. Ich traue mich aber nicht mehr, davon zu erzählen. Mir würde eh keiner zuhören. Wie lange darf man eigentlich traurig sein, frage ich mich?

Trauer ist ein zwiespältiger Begriff. Seine Bedeutung ändert sich in dem Augenblick, in dem jemand von ihr betroffen ist. Darin gleicht sie dem Gefühl der Liebe, deren Schatten sie ist.

Liebe ist in der Vorstellung, die nicht verliebte Menschen von ihr haben, uneingeschränkt und frei: Liebe muss nichts, Liebe darf alles. An die Trauer dagegen legen Menschen, die nicht trauern, Maßstäbe an: Sie pflegen Erwartungen, wie lange Trauer zu dauern hat, sie sprechen von Trauerphasen und Trauerarbeit, sie bewerten Trauer. Trauer darf nichts, Trauer muss und muss und muss.[20]

Elisabeth Kübler-Ross hat 1969 den Prozess des Trauerns und das damit verbundene emotionale Verhalten von Menschen mit Hilfe einer Veränderungskurve beschrieben. Danach befindet man sich erst in einer Art Schockzustand, dem „Nicht-wahrhaben-Wollen und Leugnen". dann kommt die Wut verbunden mit der Frage „Warum? Warum ich?". Ein letztes Aufbäumen folgt, mit der die Verhandlungsphase „es muss doch eine Lösung geben, das kann doch nicht wahr sein", um in der Phase der Depression und der Einsicht schlussendlich in der Akzeptanz zu enden.[21] Diese Kurve wird heute für die Beschreibung von Veränderungen in Unternehmen genutzt, um die Dynamik von Veränderungsprozessen aufzuzeigen. Aus den fünf Phasen nach Kübler-Ross wurden mit der Zeit mehr. Häufig sind es sieben, die nacheinander durchlaufen werden: Schock, Ablehnung, Verstehen, Akzeptanz, Ausprobieren, Zustimmung, Integration. Wir begleiten seit Jahren Veränderungsprozesse in Organisationen. Wenn der Prozess so einfach wäre und nur durchlaufen werden müsste, würden nicht so viele Veränderungsprojekte scheitern.

Das Problem in der Trauer ist, dass sie „endlich" sein muss. Endlich bedeutet in diesem Zusammenhang „Akzeptanz". Und genau das ist nicht so einfach. Akzeptanz würde ja heißen, dass ich die Dinge so hinnehme wie sie sind, ohne Groll, ohne „dicken Hals", ohne Schmerz. Mit dickem Hals wäre ich in der Resignation.

Ich glaube, ich mäandere zwischen Akzeptanz und Resignation. Manchmal kann ich das Leben und den Neustart genießen und dann glaube ich wieder, ersticken zu müssen.

Immer wieder wird mir die Frage gestellt: „Wie lange hat es bei dir gedauert, über die Sache hinwegzukommen? Warum bin ich so langsam und du schon so weit?" Wie lange darf Trauer eigentlich dauern? Wie lange muss ich das aushalten? Wann wird es endlich besser? Wird es überhaupt besser?

Wenn man mittendrin steckt, fühlt es sich endlos an. Es gab Zeiten, da wurde es sogar eher schlechter als besser. Ich habe mich gefragt, was falsch ist mit mir. Als Profi müsste gerade ich es doch besser wissen. Besser können. Aber auch hier bewahrheitet sich das Sprichwort mit dem Schuster und den Leisten.

Menschen trauern einfach unterschiedlich. Es gibt keinen Zeitplan für Trauer. Aus genau diesem Grund können wir diese Veränderungskurve nicht leiden, in der von einem Prozess des Trauerns in einer vorgegebenen Anzahl Phasen gesprochen wird. Beruflich nicht und privat schon gar nicht. Zu schlicht. Zu wenig real. Man durchläuft nicht einfach einen Prozess oder eine Reihe von Phasen. Man geht vor und zurück und wieder ein wenig vor und wieder zurück und wenn es ganz schlecht läuft, findet man sich plötzlich am Anfang wieder. Völlig normal. Für das Umfeld ist das unverständlich, nervig, anstrengend. Du müsstest doch schon viel weiter sein, lautet der stille Vorwurf. Bin ich aber nicht. Trauer ist keine Phase, über die man einfach nur hinwegkommen muss. Sie hält sich an keine Zeitpläne und sie gehorcht auch keinen Regeln. Jeder hat seine Geschwindigkeit und seine Art damit umzugehen.

Es gibt daher auch kein festes Zeitmaß, wie lange eine „gesunde“ Trauer dauert.

„Setzen Sie sich nicht unter Druck, dass Sie sich innerhalb eines bestimmten Zeitrahmens von dem Schock erholen müssen“, schreibt Gottman. „Oft können Sie in der Situation nicht anders, als über die Vergangenheit zu grübeln und sich zu fragen, wie das passieren konnte und wo und wie sich die Affäre des Partners abgespielt hat. Oft kommt es aber auch zu Schlafstörungen, Flashbacks, Depression, sich aufdrängenden und obsessiven Gedanken, emotionaler Abstumpfung, Unsicherheit, Selbstzweifel und generalisierter Angst. Dies sind alles Hinweise auf dieselbe posttraumatische Belastungsstörung, wie sie mitunter Soldaten nach Kriegseinsätzen befällt (obgleich hier eine völlig andere Art von Trauma der Auslöser ist). Studien von Shirley Gals bestätigen, dass all diese Symptome häufig auftreten, wenn ein Partner erfährt, dass der andere eine Affäre hatte.“[22]

Es ist nicht leicht, eine Affäre aufzuarbeiten. Weder für die Fremdgänger noch für die Betrogenen. Es gibt unendlich viele Ratgeber zu diesem Thema und noch mehr Tipps im Internet. So wenig wir diese Veränderungskurve leiden können, so wenig sind wir Fans von Punkte-Plänen, wie man eine Trennung oder einen Neustart bewältigt. Wir sind auch keine Fans davon, sich unendlich viele Male am Tag einzureden, dass es einem gut geht, um irgendwann daran zu glauben.

„Traurigkeit und Kummer sind natürlich typisch menschliche Reaktionen auf Verluste, aber wenn wir unsere Gedanken auf den Menschen richten, den wir verloren haben, verringert das die Wahrscheinlichkeit, dass die Trauer zur Verzweiflung führt.“[23] Manchmal hilft es, wenn wir die Trauer spüren und mit ihr allein sind. Manchmal ist es allerdings besser, wenn wir nicht allein sind.

Was wir beide gelernt haben und was wir absolut unterstreichen können, ist die Empfehlung, sich Hilfe zu holen und sich nicht allein durchzukämpfen. „Der Versuch, die Beziehung ohne professionelle Hilfe zu reparieren, wäre ungefähr so, als würde man selbst eine Knieoperation durchführen und den Werkzeugkasten aus der Garage verwenden.“[24] Eine Klientin erzählte uns, sie habe gute Freunde, die sie auffangen. Die sind wichtig. Absolut. Ein Gespräch mit guten Freunden kann durchaus therapeutische Wirkung haben. In vielen Fällen können Freunde aber nicht Therapeuten oder Coaches ersetzen. So wie ein Therapeut oder Coach nicht die Freunde ersetzen kann.

Jeder muss für sich entscheiden, ob und wen er zu Hilfe holt. Wir können nur empfehlen sorgsam zu wählen und professionelle Hilfe in Betracht zu ziehen. Ohne unsere Coaches wären wir nicht da, wo wir heute sind.

Wo könntest du Hilfe bekommen?

Ich

Die Frage
„Was passt
zu mir?"
ist die nicht
beantwortete
Frage
„Wer bin ich?"

Mohsen Charifi

Fick dich doch!

Wer ist diese „Tante“? Warum ist er bereit, für diese Frau alles aufzugeben? Diese Fragen bewegen wohl jede Frau, die von ihrem Mann betrogen wurde. Ich habe mich gefragt, was das wohl für eine Frau ist, die nun an seiner Seite lebt. Dabei ging es mir noch nicht einmal um Äußerlichkeiten wie Attraktivität oder berufliche Erfolge, sondern eher um die Frage, wie ähnlich sie mir ist – oder wie anders. „Ich fühle mich wieder als Mann“, „SIE sieht mich“, „Ich bin die Sonne für SIE“, „Mit ihr kann ich das Leben leben, das ich schon immer leben wollte.“ „Aha. Von was für einem Leben redest du, und warum weiß ich nichts davon?“ Schweigen. War ja klar. Mir bleibt die Luft weg. Im Geiste sehe ich die beiden die Hühner satteln und nach Texas reiten. Ich fasse es nicht. Wovon redet der Kerl da eigentlich? „Sie ist witzig, unterhaltsam. Es fühlt sich alles so leicht an“. „Hattet ihr Themen wie Kinder, Hausaufgaben machen, Müll rausbringen, Ärger im Büro, Versicherung kündigen, Großeltern versorgen, Wasserschaden beheben?“ Nein, natürlich nicht. Ich spüre, wie sich meine Wut langsam nach oben arbeitet und mir der Kamm schwillt. „Und warum glaubst du, dass sie die Richtige ist, wenn ihr euch nicht mal im Alltag kennengelernt habt?“ „Ich weiß es einfach.“ Totschlagargument. Er hat sich entschieden, weil ES mit ihr so anders ist. Jetzt werde ich neugierig. Was genau meint er mit anders? Was fasziniert ihn so? „Ich bin der Mittelpunkt des Lebens für sie. Sie hat alles stehen und liegen lassen, um Zeit mit mir zu verbringen. Das Unmögliche möglich gemacht. Kein Weg war zu weit. Kein Aufwand zu hoch. Sie hat sich ganz auf mich eingestellt, ihr Leben um mich herum geplant. Sie verlässt ihren Mann für mich. Und sie ist so toll mit ihren Kindern, so wunderbar entspannt.“ „Wie geht das? – Arbeitet sie denn nicht? – Wovon lebt sie?”, hake ich nach. „Doch, aber sie ist ganz anders als du. Nicht so ehrgeizig und zielstrebig.

Der Job ist ihr zwar wichtig, hat aber keinen hohen Stellenwert. Sie richtet ihr Leben auf Familie und Partnerschaft aus."

Es fallen noch Worte wie Leichtigkeit und Lachen, aber ich höre schon nicht mehr richtig zu. Wenn er so eine Frau braucht, wie kann ich dann die Richtige sein? Will ich das überhaupt? Ich will weder abhängig noch auf Warteposition sein, bis der Herr Zeit für mich hat. Ich will mein Leben nicht komplett auf seines abstimmen müssen. Und warum sollte ich ihn anhimmeln? Klar freue ich mich, ihn an meiner Seite zu wissen. Gutaussehend, charmant, erfolgreich. Aber anhimmeln? Nur für ihn und die Familie da sein? Das bin ich nicht. Das kann ich auch nicht. Ich liebe meine Rolle als Ehefrau und Mutter. Mir ist aber auch mein Job wichtig. Meine Unabhängigkeit. Ich genieße es erfolgreich zu sein und übernehme gerne Verantwortung. Es bereitet mir Freude Dinge voranzubringen. Das bedeutet aber auch, dass ich in meiner Position nicht einfach tun und lassen kann, was ich will. Ich merke, wie ich gedanklich Abstand nehme, meinen imaginären Regiestuhl einnehme und mich frage, was für einen Mann ich eigentlich an meiner Seite haben möchte? Was bin ich gewillt zu geben und für welchen Typ Mann wäre das dann stimmig?

Googelt man „Welcher Mann ist der Richtige für mich?", wird man erschlagen von Testangeboten. Auch Frauenzeitschriften sind voll davon. Es gibt etliche Studien, die sich mit diesem Thema beschäftigen. Die Aufnahmetests der großen Partnervermittlungsportale sind eine Art Ganzkörperscan mit Seelenstriptease. Für das anschließende Mapping gehen Experten immer wieder der wichtigsten Frage auf die Spur: Brauchen wir einen Partner, der uns ähnlich ist oder eher einen, der ganz anders ist? Und was brauchen wir, damit wir uns auch langfristig gut verstehen?

Wir kennen alle diese oder ähnliche Geschichten. Da ist der Mann, der sich in diese charmante Frau verliebt, weil sie so offen ist, bei Menschen gut ankommt, witzig ist, mit beiden Beinen im Leben steht und einen Partner sucht, mit dem sie gemeinsam Träume verwirklichen kann. Doch schon nach kurzer Zeit wird klar, dass jeder Typ sie anquatscht, sie in jeder neuen Begegnung eine Chance vermutet, sich sehr schnell auf jemanden einlässt und ihre Träume dann eigentlich nur seine Träume sind. Oder die Frau, die sich Hals über Kopf in einen Mann verliebt, der beruflich monatelang unterwegs ist, von Familie und Nähe träumt und so ganz „anders", so „liebenswert und aufmerksam" ist. All das, worauf sie ihr Leben lang gewartet hat. Irgendwann fällt ihr auf, dass er nie wirklich zu Hause ist – und wenn er da ist, besucht er Freunde und Familie, geht seinen Hobbys nach und ist eigentlich schon wieder auf dem Sprung. Wann und wie will man da ein gemeinsames Leben aufbauen?

Die Psychologin Diane Felmlee vom Department of Sociology and Criminology der Pennsylvania State University spürte ein Muster in all diesen Geschichten auf. Sie nennt dieses Phänomen „fatal attraction" (verhängnisvolle Anziehung).[25] Wir fühlen uns anfangs oft zu Eigenschaften anderer Menschen hingezogen, über die wir selbst nicht verfügen. Nicht selten sind aber genau diese Eigenschaften der Grund dafür, warum wir uns wieder trennen oder zumindest ernsthafte Probleme haben und frustriert sind. Also was oder wen brauchen wir wirklich? Ähnlichkeit? Andersartigkeit? Woher kommt es, wenn die anfängliche Faszination kurze Zeit später in Irritation umschlägt? Offenbar gibt es da was? Es ist der Unterschied.

Arthur Aron zufolge ist jeder Mensch auf der Suche nach „Selbsterweiterung“. Wir versuchen unser Wissen, unsere Fähigkeiten und unser ICH zu erweitern. Das, so Aron, ist durch harte Arbeit möglich oder aber durch die Liebe. Nehmen wir mal an, du interessierst dich seit jeher für fremde Länder und Menschen. Du hast aber weder die Möglichkeiten noch das nötige Kleingeld, um dies auszuleben. Nun lernst du einen Partner aus der Touristikbranche kennen, der sein Leben damit verbringt zu reisen, fremde Länder zu besuchen und auf der ganzen Welt vernetzt zu sein. Plötzlich wird diese Welt auch zu deiner Welt. Dein ICH erweitert sich fast spielerisch, indem du dich mit deinem Partner über genau diese Themen austauschen und gemeinsam etwas erleben kannst. Ihr ergänzt euch. Wie eine Art Symbiose. Für Aron ist diese Form der Selbsterweiterung der Grund dafür, warum Menschen sich so belebt, so bereichert fühlen. Der Partner gibt uns etwas, das uns fehlt, er macht uns ganz. Femlee sieht genau hierin das Problem. Gegensätze, so scheint es, können zwar anziehen, meist halten sie es aber nicht lange miteinander aus.[26]

Also was jetzt? Ziehen sich Gegensätze an oder gesellen sich gleich und gleich gern?

Zu unserem Selbstverständnis als Berater und Coaches gehört die Maxime, nicht in schwarz und weiß oder gar Schubladen zu denken. Wir Menschen SIND nicht so oder so, wir VERHALTEN uns in Situationen so oder so. Wie wir uns verhalten, hängt nicht nur von unserer genetischen und familiären Prägung und von kulturellen Aspekten ab, sondern auch davon, in welcher Lebensphase wir uns gerade befinden und welche Erfahrungen wir im Laufe unseres Lebens machen. Das bedeutet auch, dass wir uns immer wieder verändern – in einer Beziehung im besten Falle wohlwollend Seite an Seite.

Ein Gegensatz darf zu einer Gemeinsamkeit werden und umgekehrt. Plötzlich entdeckst du durch das Hobby des Partners den Spaß am Wandern, obwohl du dir früher im Traum nicht hättest vorstellen können, tagelang zu Fuß unterwegs zu sein. Umgekehrt kann aber auch die anfängliche gemeinsame Begeisterung fürs Kochen für denjenigen, der es täglich für die Familie machen MUSS, zu einer Last werden.

Wichtig ist, dass wir uns selbst gut kennen und so leben, wie es sich für uns „richtig" anfühlt und unseren Werten und Überzeugungen entspricht. In der Ausgangsfrage: „Kann ich die Richtige für ihn sein?" geht es also mitnichten um die Frage, was ich tun kann, damit ich zu ihm passe. Das wäre auf Dauer ein sehr anstrengendes Unterfangen. Es geht vielmehr darum zu überprüfen, was ich will und ob das, was mein Partner gerade braucht, das ist, was ich gewillt bin zu geben. Hand aufs Herz: wenn eine Beziehung auseinander geht, ist das wohl eher nicht der Fall. Bei mir war das zumindest so. Ergo kam ich zu dem Schluss: Fick Dich doch. Mach DU, was DU willst. Ich lebe MEIN Leben.

Weißt du, wer du bist und was du willst?

Vom Sinn der Gefühle

Es hat schon einen Sinn, wenn eine Zeit lang Trauer dein Alltag ist und dich mit Schmerz und Tränen begleitet.

Es hat auch einen Sinn, wenn Wut dein Herz ergreift und Bitterkeit deine Seele trübt.

Das ist die Zeit für deine innere Weisheit, die Zeit mit deinem Schutzengel, der in dir wohnt, zu schauen, „Was wollen meine Trauer und Wut mir sagen?"

Ihre Aufgaben verstehen, ihre Fragen beantworten. So erfüllst du den Sinn deiner Gefühle und kannst gelassen von ihnen Abschied nehmen.

Mohsen Charifi

Alles Scheiße, deine Elli

Ich frage mich ständig, warum es mir so schwerfällt nach vorne zu schauen. Der Betrug steht wie eine Mauer zwischen uns und ich schaffe es einfach nicht, diese Mauer zu überwinden. Werden diese Gedanken mich ewig quälen? Wird dieses Gefühlschaos niemals aufhören? Hoffnungslosigkeit kommt in mir hoch.

Mit diesen Überlegungen sitze ich vor meinem Coach. Ich will verstehen. Will mich verstehen. Und ich will, dass die Sonne wieder scheint und das trübe Wetter verschwindet. Er fragt mich nach meinen Emotionen. „Hoffnungslosigkeit. Enttäuschung. Verzweiflung", sage ich. Dann fragt er mich, ob ich den Unterschied zwischen Emotion und Gefühl kenne. Ich nicke. Da war doch was.

Emotionen sind für die Qualität unseres Lebens von entscheidender Bedeutung. Keine Beziehung, an der uns etwas liegt, kommt ohne sie aus – am Arbeitsplatz nicht und in keiner Freundschaft, nicht im Umgang mit Familienmitgliedern und schon gar nicht in unseren intimsten Beziehungen. Sie können uns dazu veranlassen, wirklichkeitsnah und angemessen zu handeln, oder auch auf eine Art und Weise, die wir im Nachhinein zutiefst bereuen.[27] Paul Ekman, ein US-amerikanischer Anthropologe und Psychologe, beschäftigt sich seit den 1950er Jahren mit Emotionen. Ihm zufolge sind Freude, Angst, Wut, Verachtung, Trauer, Überraschung und Ekel universelle Grundemotionen. Sie werden von allen Menschen kulturübergreifend in gleicher Weise erkannt und zum Ausdruck gebracht.

Emotionen können ganz unvermittelt entstehen und tun dies in vielen Fällen auch, oftmals so plötzlich, dass unser bewusstes Selbst gar nicht daran beteiligt ist.

Häufig erkennt es noch nicht einmal, welcher Auslöser in einem bestimmten Augenblick dieses oder jenes Gefühl in uns hervorgerufen hat.[28]

Ein Gefühl hingegen ist das Bewusstwerden einer vorangegangenen Emotion. Neurowissenschaftler unterscheiden oft zwischen Emotionen, also der körperlichen Reaktion auf einen äußeren Reiz, und Gefühlen, bei denen das Gehirn die Reaktionen des Körpers verarbeitet und interpretiert. Trivial formuliert: Wir nehmen etwas wahr, erleben eine Emotion und bewerten sie. Emotionen lassen sich nicht unterdrücken. Gefühle hingegen stehen in enger Verbindung mit tief verankerten Glaubenssätzen, persönlichen Erfahrungen und unserem Wertesystem. So können wir in gewisser Weise steuern, wie wir fühlen.

Enttäuschung, Hoffnungslosigkeit und Verzweiflung sind also keine Emotionen, sondern Gefühle. Meine Enttäuschung ist im Prinzip eine Mischung aus Wut, Angst und Trauer, verbunden mit verletzten Werten wie Ehrlichkeit und Vertrauen. „Was sagen dir deine Emotionen?“, fragt mein Coach. Ich bin irritiert. Wie jetzt? „Was sagt dir deine Trauer?”, fragt er. Ich denke nach. Lange. Mir fällt nicht ein, was mir meine Trauer sagen könnte. „Trauer ist einfach”, meint er nach einer langen Zeit des Schweigens. „Trauer heißt loslassen. Was musst du loslassen?” Jetzt verstehe ich. Ich bin traurig, weil ich so viel verloren habe. Die Bilder schwirren durch meinen Kopf. Bilder von Zeiten, in denen wir glücklich waren, in denen wir Spaß zusammen hatten, in denen wir uns geliebt haben. Es tut weh. Gleichzeitig sind da andere Emotionen. Wut. Ich bin so sauer auf diesen Typen und erwische mich dabei, wie ich alles in Frage stelle. Was von dem, was wir hatten, war überhaupt echt? „Was sagt dir deine Wut?

Was deine Angst?“, höre ich meinen Coach sagen. Wieder denke ich lange nach. Doch bevor ich antworten kann, verabschiedet er mich. Ich habe das dringende Bedürfnis, das mit ihm zu besprechen. Er nicht. Er weiß, dass ich Zeit brauche, um die Fragen zu beantworten.

Angst und Wut sind natürliche Stressreaktionen, die uns wichtige Informationen übermitteln, so der Dalai Lama. Traurigkeit wiederum kann uns sagen, dass wir über etwas in unserem Leben unglücklich sind. Alle drei Emotionen sind zweifellos entstanden, damit sie uns motivieren, etwas an unserer Situation zu verändern. Auf eine Situation ständig mit Angst, Wut und Traurigkeit zu reagieren, stabilisiert tendenziell negative Energie.[29]

Entsprechend können uns diese Emotionen blockieren und behindern. Wenn wir sie aber bewusst nutzen und uns fragen, was uns die Emotion gerade sagen will, sind wir in der Lage, bewusst zu entscheiden, in welcher Form wir in der jeweiligen Situation reagieren wollen. Vivian Dittmar entwickelte hierfür den sogenannten „Gefühlskompass”. In ihm sind statt der vier Himmelsrichtungen vier Grundemotionen (sie nennt sie Gefühle) angeordnet — Wut, Trauer, Angst und Freude. In der Mitte des Kompasses, dort, wo eigentlich die Nadel wäre, befindet sich das fünfte Gefühl, die Scham. Sie unterscheidet sich von den vier äußeren Gefühlen darin, dass sie sich nach innen richtet, also auf uns selbst.

Diese fünf Grundemotionen befähigen uns, mit allen Situationen im Leben angemessen umzugehen, so Dittmar. Wut hilft uns, klare Entscheidungen zu treffen und zu handeln – also das zu ändern, was wir ändern können. Durch Trauer können wir Situationen annehmen, die wir uns anders gewünscht hätten – also das anzunehmen, was wir nicht ändern können. Angst ermöglicht es uns, dem Unbekannten und Ungewissen zu begegnen – also uns auf das einzulassen, was wir weder annehmen noch verändern können. Und Freude ist dazu da, das zu feiern, was unseren Bedürfnissen entspricht. Das fünfte Gefühl, die Scham, brauchen wir, um uns selbst zu reflektieren und auch mal in Frage zu stellen.[30]

Auf die Frage, was mir meine Emotionen sagen, hatte ich lange keine Antwort. Scham empfand ich nicht. Freude auch nicht. Null. Wut, Angst und Trauer waren dagegen überwältigend. Je nach Phase war es mal die eine, mal die andere. Trauer, weil etwas Unwiederbringliches gestorben war: meine zweifelsfreie Liebe, die Leichtigkeit, das Vertrauen, das, was wir gemeinsam hatten.

Dann kam die Angst. Was macht das alles mit den Kindern? Wie schaffe ich das allein? Wie kann ich das finanziell stemmen? Werde ich je wieder lieben? Kann ich wieder vertrauen? Werde ich diese tiefe Liebe zu diesem Menschen irgendwann los, so dass ich frei bin für Neues? Eines weiß ich sicher, ich will nie wieder so verletzt werden. Aber kann ich das verhindern? Kann ich wirklich lieben, ohne zu riskieren, irgendwann auch leiden zu müssen? Was sagt mir meine Angst mit all den Fragen?

Mit der Zeit kam die Wut. Wut darüber, dass er einen anderen, mir völlig fremden Menschen in unser Leben eingeladen hat. Diese andere Person dringt in die intimsten Bereiche meines Lebens ein und ich werde noch nicht einmal gefragt. Dieser Eindringling schläft mit meinem Mann und hat unsere gemeinsamen Kinder umarmt. Was aber dem Ganzen die Krone aufsetzt: Sie haben sich an Orten geliebt, die uns vorbehalten waren.

Ich hasse beide für das, was sie mir angetan haben! Meine Wut spricht mit mir. Definitiv.

Nur ist weder „Ich will nie wieder so verletzt werden“, noch „Ich hasse dich für das, was du mir angetan hast“ eine Antwort auf die Frage, was meine Angst bzw. Wut mir sagen soll. Zumindest nicht nach Ansicht meines Coaches. Es gilt eine Antwort zu finden, die zum einen positiv formuliert ist und zum anderen so, dass keine weitere Person darin vorkommt (außer mir natürlich).

Ich habe sehr lange gebraucht, um Antworten auf die Fragen „Was sagt dir deine Wut?” und „Was sagt dir deine Angst?” zu finden. Aber danach fühlte sich plötzlich alles ganz leicht an und ich hatte wieder ein Ziel vor Augen.

Was sagen dir deine Emotionen?

Vertrauen innerhalb einer intimen Beziehung erfordert ein solches Maß an Aufrichtigkeit, dass keiner der Beteiligten die Möglichkeit einer Lüge in Betracht zieht.

Jorge Bucay

Lügen haben behaarte Beine

„Kannst du dir vorstellen, dass mir dieser Arsch zum Valentinstag noch Blumen geschenkt hat?" „Und hier schreibt er, dass er mich liebt und sich auf zu Hause freut!" Während meine Freundin unter Tränen durch ihre WhatsApp-Nachrichten scrollt, habe ich ein Déjà-vu. Auch ich habe rückwärts geblättert und mich gefragt, ob ich etwas übersehen habe. Unbewusst wahrgenommen habe ich es sicherlich. Ich erinnere mich, viele Fragen gestellt zu haben, auf die ich ein Achselzucken erhielt oder Antworten, die sich später als Lügen herausgestellt haben. Hätte ich das merken können? Merken müssen? Ich bin wirklich geübt darin, Menschen zu lesen. Wie also konnte ich all diese Lügen, diesen Betrug übersehen? Was habe ich in den letzten Monaten und Jahren sonst noch übersehen?"

Selbstzweifel sind nicht unüblich nach einer Trennung. Statt zu fluchen, herumzutoben und „Du Arsch!" zu brüllen, treiben viele Frauen tagelang wie paralysiert durchs Leben und fragen sich, was sie falsch gemacht haben. Sie wühlen alte Mails durch, lesen Facebookeinträge und sichten ihren WhatsApp-Verlauf auf der Suche nach Hinweisen, die sie übersehen haben könnten. Das Schlimme ist, sie werden fündig. „Damals bin ich doch über diese komische Hotelrechnung gestolpert, warum habe ich da nicht nachgehakt?" Hinterher ist man immer schlauer. Hinterher versteht man die Zeichen. Hinterher... . Aber hätte man es denn wirklich früher erkennen können? Vielleicht. Vielleicht aber auch nicht.

Viele Frauen haben uns bestätigt, dass sie schon lange das Gefühl hatten, es laufe nicht rund. Wie immer gilt auch hier: Reden hilft. Aber wenn das Gegenüber schweigt oder lügt, hilft das nicht weiter. Ich hatte meinen Mann direkt mit der Frage konfrontiert, ob er mit einer anderen Frau schläft. Seine Antwort war „Nein!".

Glauben oder nicht glauben? Bin ich ein Lügendetektor? Sicher nicht. Hätte ich ihn bitten sollen, mir seine Mails, WhatsApp-Chats oder Anruferlisten offenzulegen? Eher nicht. Eine Beziehung kann aus unserer Sicht nur dann funktionieren, wenn man einander vertraut. Schwindet das Vertrauen, beginnt man irgendwann an sich selbst zu zweifeln, hört ständig Mäuse pupsen und sieht Gespenster.

Bis dato war ich selbstbewusst und sicher in meinem Auftreten, fühlte mich als Coach und Beraterin für mein Können respektiert und geschätzt. Das Wichtigste in meinem Leben aber hatte ich falsch eingeschätzt: meine Beziehung. Mit Entsetzen blickte ich auf die letzten Wochen und Monate zurück und fragte mich, was ich sonst noch alles falsch gemacht hatte. Kann man mich überhaupt auf die Menschheit loslassen, wenn ich so bin? Meine Selbstsicherheit schrumpfte auf die Größe einer Erbse. Es war das Grauen.

Ich erinnerte mich, dass sich mein Mann im letzten Jahr für einige Zeit zurückgezogen hatte. Er meinte, er brauche Zeit zum Nachdenken. Also packte er die Koffer und reiste für drei Wochen auf einen Bauernhof ins deutschsprachige Ausland. Ich sollte zwei Wochen später nachkommen. Als ich ihn nach Aufdecken der Affäre fragte, ob die Frau in dieser „Nachdenkzeit" bei ihm gewesen sei, verneinte er und sagte, so dreist sei nicht mal er, sie in diese Ferienwohnung einzuladen. Er war empört, dass ich so etwas von ihm denken könnte. Die richtige Antwort wäre gewesen: Ja, sie war da. Nicht auf dem Bauernhof, sondern in einem Hotel in der Nähe, in das die Beiden sich für ein paar Tage eingebucht hatten.

Woran hätte ich erkennen können, dass er lügt? Ich hatte ihn gefragt: „War sie in der Zeit bei dir?" Er hatte die Frage „wörtlich" genommen, als hätte ich wissen wollen, ob die Frau bei ihm auf dem Bauernhof gewesen sei. Das war sie nicht. Er sagte also die Wahrheit. Gleichzeitig log er. Sie war ja da. Nur eben nicht auf dem Bauernhof. Die Lüge hätte ich an einigen Merkmalen erkennen können. Zum einen hatte er mir viel mehr Informationen gegeben als ich haben wollte. Ob es dreist gewesen wäre, sie auf dem Bauernhof zu empfangen oder nicht, war nicht die Frage. Dann gab er mir eine Antwort auf eine Frage, die ich gar nicht gestellt hatte. War sie bei dir? Nein, sie war nicht auf dem Bauernhof. Aha. Sie war also nicht auf dem Bauernhof. Wo war sie denn dann? Indirekt hatte er zugegeben, dass sie da war. Aber eben nicht auf dem Bauernhof. Auch seine Empörung hätte mir zeigen können, dass etwas nicht stimmt. Wenn die Frau nicht da gewesen wäre, hätte sich das Missverständnis schnell aufgeklärt. Einfache Frage, einfache Antwort. Weil sie aber da war, fühlte sich der Lügner ertappt, hielt die Feindseligkeit aufrecht und verteidigte sich, um nicht entlarvt zu werden. Statt einfach auf die Frage zu antworten, stieß er eine Wertediskussion an, indem er sich empörte, so dreist sei er nicht. Feindseligkeit führt oft dazu, dass das Gegenüber sich verteidigt oder einlenkt. So sei es auch nicht gemeint, tut mir leid, und schon ist das Thema gewechselt. Geschickt eingefädelt. Zu guter Letzt spricht auch der Körper seine eigene Sprache. Lügen ist Stress pur für uns. Je mehr Stress der Lügner bei einer Frage empfindet, desto stärker sind die verräterischen Signale seiner Körpersprache.[31]

Entsprechend habe ich meinen Mann weiter gelöchert: „Ich habe nicht gefragt, ob sie auf dem Bauernhof war. Ich habe gefragt, ob sie in der Zeit bei dir war. Eine einfache Frage, die man mit ja oder nein beantworten kann." Und dann kam der Clou. Er sagte „nein" und nickte. Wie krass ist das denn?!

Ihr fragt euch sicher, ob man nach einer Affäre zum Inquisitor mutiert. Das haben wir uns natürlich auch gefragt. Manchmal fühlte es sich tatsächlich so an, obwohl wir beide weit davon entfernt waren, inquisitorisch zu fragen. Aber wenn das Gefühl aufkommt, verarscht zu werden, legt sich ein Schalter um. Dann, stellten wir fest, wollten wir beide es genau wissen. Angelogen zu werden ist einfach ätzend. Und wenn man dann bewusst angelogen wird, hört der Spaß ganz auf.

Wir sind der Meinung, dass Lügen (wir sprechen hier nicht von den sogenannten weißen, prosozialen Lügen) in einer Beziehung keinen Platz haben. Manchmal stellen wir Fragen, auf die wir gar keine ehrliche Antwort erwarten. Oder aber wir stellen bestimmte Fragen nicht, weil wir die Antwort nicht ertragen könnten. Beides ist wenig hilfreich, um eine glückliche bzw. zufriedene Beziehung zu führen. Irgendwie scheint dann immer ein Elefant im Raum zu stehen, den keiner sehen will. Wenn es darum geht, eine Affäre aufzuarbeiten, ist das Vermeiden von Fragen noch weniger hilfreich, so à la, wenn keiner das Kind beim Namen nennt, existiert es nicht. Trau dich, die richtigen Fragen zu stellen, hör zu, was und wie etwas gesagt wird und frag nach. Wenn du das Gefühl hast, das passt hinten und vorne nicht zusammen, was dir gerade erzählt wird, sprich den vermeintlichen Lügner selbstbewusst und mutig auf die Ungereimtheiten an und lass dich nicht ins Bockshorn jagen. Das gilt übrigens für alle Lebensbereiche.

Ich habe meinen Mann kürzlich gefragt, wann für ihn Lügen beginnt. Er sah mich mit großen Augen an. Nun ja, wenn ich die Unwahrheit sage. Na, da sind wir uns doch schon mal einig. „Und wenn du nichts sagst, während du fleißig in Kontakt mit einer anderen Frau bist?“, hake ich nach. Stille. Echt jetzt? Ich fasse es nicht. Er schnallt es immer noch nicht. Selbstverständlich fällt auch das unter „Lügen". Schmallippig ringt er sich zu einem „jein" durch. Manche Kerle lernen einfach nix dazu.

Ich gebe zu, dass ich die Signale absichtlich übersehen habe. Ob es mir beim nächsten Mal auffallen würde? Ich weiß es nicht. Ich habe mich jedoch gefragt, ob auch ich in dieser Zeit gelogen habe. Gelogen, weil ich absichtlich weggeschaut habe, weil ich nicht (richtig) nachgefragt habe, weil ich es hab' laufen lassen in der Hoffnung, es wird schon wieder. Irgendwie war auch ich nicht ehrlich. Hm ….

Hast du dich je gefragt, wann eine Lüge beginnt?

„Manchmal", sagte das Pferd.

„Manchmal was?", fragte der Junge.

„Manchmal ist es schon tapfer und großartig, wenn man aufsteht und weitermacht", sagte das Pferd.

Charlie Mackesy

Bin ich depressiv?

Trauer trübt die Sinne, heißt es. Für mich fühlt es sich eher an wie Taubheit oder Lähmung. Ich komme mir vor, als würde ich unter einer Glocke sitzen, nicht mehr dazugehören und nur noch eine Beobachterrolle in meinem eigenen Leben spielen. Mal geht es mir super, mal bin ich zu Tode betrübt. Auf die Frage: „Wie geht es dir?“, antworte ich zeitweise: „Heute morgen ging es mir noch gut! Frag morgen noch mal.“ Es ist zum Mäusemelken. Ich bin unberechenbar und zu nichts zu gebrauchen. So kenne ich mich gar nicht. Wenn ich mich morgens im Spiegel ansehe, kann es vorkommen, dass ich zu mir selbst sage: „Nenn mir bitte einen einzigen Grund, warum ich in diesen jetzt schon beschissenen Tag starten sollte.”

Trennungen sind niemals leicht. Schon gar nicht nach einer Affäre. Nach dem „Auffliegen” zieht es den meisten Zurückgebliebenen erst einmal den Boden unter den Füßen weg. Dieses Gefühl wird sehr unterschiedlich beschrieben. Für manche ist es wie ein freier Fall, für andere, als würde etwas ganz tief in ihnen sterben, wiederum anderen nimmt es die Luft zum Atmen. Jeder Körper reagiert eben anders auf diese Art von Stress und es ist wenig verwunderlich, dass sich nach einer Trennung nicht selten eine posttraumatische Belastungsstörung diagnostizieren lässt. Die Bilder im Kopf sind hartnäckig, wie eine Studie „Worunter Betrogene nach einem Seitensprung leiden”, durchgeführt von theratalk®, zeigt. Darin gaben 84% der Männer und 80% der Frauen an, dass sich ihnen belastende Erinnerungen, Bilder oder Gedanken, die mit dem Seitensprung des Partners in Zusammenhang stehen, aufdrängen. Nach sechs Monaten traf das immerhin noch auf 73% der Männer und 80% der Frauen zu.[32]

Das Ende einer Beziehung stellt die Welt auf den Kopf und alles in Frage. Es löst eine Fülle an Gefühlen aus.

Trauer und Liebeskummer sind in solch einer Situation absolut normal. Allerdings ist es irgendwann Zeit loszulassen und weiterzugehen. Denn sonst kann sich aus der Trauer und den negativen Gefühlen eine ernstzunehmende Depression entwickeln. Es handelt sich aber nicht gleich um eine Depression, wenn man niedergeschlagen ist. Eine Depression unterscheidet sich von gewöhnlicher Trauer durch die Regelmäßigkeit und Dauer der negativen Gefühle. Was genau zu einer Depression führt, ist schwer zu sagen. Normal ist, wenn man nach einer Affäre wütend und frustriert ist, immer wieder weint, traurig ist, Angst hat (vor allem Zukunftsängste), schlecht schläft, sich schlecht konzentrieren kann, zu nichts Lust hat und das Gefühl hat, überfordert zu sein.

Vorsicht ist dann geboten, wenn man in ständiges Grübeln und negative Gedanken verfällt, sich zurückzieht. Wenn man völlig energielos ist, sich Selbstvorwürfe macht, null Interesse hat rauszugehen oder Spaß zu haben, unfähig ist sich zu entspannen, den ganzen Tag lang ein Gefühl der Leere und Trauer empfindet und als Lösungsweg sogar an den Tod denkt. Spätestens dann sollte man sich unbedingt professionelle Hilfe suchen.

Wenn ich an die Zeit kurz nach der Trennung zurückdenke, habe ich funktioniert. Nicht zuletzt der Kinder wegen. Mehr oder weniger gut. Ich habe mich oft gefragt, warum ich überhaupt aufstehen soll. Wozu morgens ins Bad gehen? Wozu sich anziehen? Wozu überhaupt irgendetwas machen? Am liebsten hätte ich mich in ein Loch verkrochen und wäre dort geblieben. Letzten Endes hat meine Selbstdisziplin, oder anders ausgedrückt, mein Selbsterhaltungstrieb gesiegt. Oder war es einfach nur meine Vernunft? Wie auch immer. Ich habe mir selbst Regeln auferlegt und mich gezwungen, diese umzusetzen. Dazu gehörten: genügend zu trinken, weil Weinen dehydriert, zu essen, wenigstens eine Kleinigkeit, mich jeden Tag zurecht zu machen, um mich zumindest nach außen gut zu fühlen, spazierenzugehen, weil der Wind um die Nase einfach gut tut und der Wald geduldig ist, wenn ich Selbstgespräche führe, Sport zu machen, weil ich irgendwie den inneren Druck loswerden musste, keinen Alkohol zu trinken, weil ich darin keinen Trost finden wollte und Süßigkeiten zu meiden, weil ich, wenn ich schon wenig aß, wenigstens gesund essen wollte. Ich habe versucht, weiterhin einen guten Job zu machen, eine gute Mutter zu sein, eine gute Freundin zu sein, was nicht ganz leicht war. Immer wieder schweiften meine Gedanken ab. Aber es half, Aufgaben zu haben. Und da ich ein Mensch bin, der prima auch allein sein kann, habe ich mich in dieser Zeit gezwungen, unter Menschen zu gehen. Ich bin fast jeder Einladung gefolgt und ich muss gestehen, es hat gutgetan, auch wenn ich nicht gerade die Unterhaltsamste im Raum war.

Viele Ratgeber empfehlen: „Denk an dich, tu dir was Gutes". Dem kann ich nur zustimmen. Neben den Überlegungen, wie es langfristig weitergehen soll, sind kurzfristige Ziele hilfreich. „Sich etwas Gutes zu tun", ist so ein Ziel. Da ich persönlich auch ein Fan davon bin, „Zeit wertvoll zu gestalten", war mir das besonders wichtig. Meine Zeit wertvoll zu gestalten. Auf das zu hören, was mir guttut. Nach dem Motto: Was heilt und hilft, ist richtig. Und wenn es heute das Bedürfnis ist, sich einzuigeln, weil es sich richtig anfühlt, dann ist es morgen vielleicht der Sport oder der Spaziergang oder das Treffen mit Freunden.

Trinken, Essen und Schlafen nicht vergessen.

Sei friedlich. Sich nicht rächen kann auch eine Rache sein.

Danny Kaye

Rache ist Blutwurst

Es wäre gelogen, wenn ich behaupten würde, nicht an Rache gedacht zu haben. Im Geiste hätte ich am liebsten seine Sachen aus dem obersten Stockwerk unseres Hauses auf die Straße geworfen oder wahllos alles in Kisten gestopft und in die Garage gestellt. Mir gefiel auch der Gedanke, seinen ganzen Scheiß einem Umzugsunternehmen zu übergeben und an die Adresse der Trulla zu schicken. Soll sie doch gucken, wohin damit. Ich hätte ihn gerne geschüttelt und angeschrien, seine Neue getreten und beschimpft. Ich wollte Gleiches mit Gleichem vergelten und ihm zeigen, wie sich das anfühlt, betrogen zu werden. Ich war sooo sauer. Ich sah rot. Oder, um LaFee zu zitieren: „Ich wünsche dir die Krätze an den Hals". Ganz ehrlich, im Geiste kloppten wir uns mit Sandschaufeln wie in Kindertagen im Sandkasten. Wie kindisch ist das denn? Nachdem mein Eltern-Ich meinem Kind-Ich dann mal ordentlich den Kopf gewaschen hatte, war ich wieder in der Lage wie eine Erwachsene zu denken. Ein Hoch auf die Transaktionsanalyse.[33]

Natürlich habe ich nichts dergleichen getan. Schließlich bin ich ein vernünftiges Mädchen. Aber ich frage mich manchmal, ob es nicht doch gut tun würde, einfach mal seine Launen auszuleben. Interessanterweise findet man sogar in einschlägigen Ratgebern den Tipp, dass man eine Form von Rache üben soll und so zum Beispiel seinen fremdgehenden Kerl ebenfalls betrügen sollte. Auge um Auge, Zahn um Zahn, so steht es schon im Alten Testament. Habe ich ihm vorgeschlagen. Fand er irgendwie nicht witzig. Komisch.

Der Wunsch nach Rache entsteht, wenn wir uns angegriffen, verletzt, betrogen, erniedrigt oder ausgenutzt fühlen.

Die erlittene Kränkung wollen wir dem anderen heimzahlen, Gleiches mit Gleichem vergelten und so Gerechtigkeit und damit unsere Selbstachtung wiederherstellen. Der andere soll ebenso leiden wie wir, soll spüren, wie weh sein Handeln tut – damit bekommen wir Genugtuung. Der Racheakt dient auch dazu, den anderen zu bestrafen, ihm eins auszuwischen und damit zu signalisieren „Mit mir nicht!". Für manche Menschen ist es ihre Sprache des Verzeihens.

Jeder dritte Deutsche würde es dem Partner heimzahlen, wenn er untreu wird, so Thomas Schmidt von seitensprungfibel.de in einem Interview mit Paarberater Dr. Wolfgang Krüger. Die Spannbreite der Vergeltungsschläge ist enorm, sie reicht von zerkratztem Autolack bis hin zum Rachesex.[34] Aber was wäre damit wirklich gewonnen?

Ich neige wie gesagt grundsätzlich nicht zur Gewalt. Nie im Leben würde ich in irgendeiner Form handgreiflich werden. Weder ihm gegenüber noch der Neuen. Der schon gar nicht. Die würde ich nicht mal mit der Kneifzange anfassen. Aber das ist ein anderes Thema.

Ich tendiere auch nicht zur Sachbeschädigung. Dazu kommt, dass mein Mann ja nicht ganz ohne Grund fremdgegangen ist. Auch ich habe meinen Beitrag geleistet. Mir ist zwar noch nicht ganz klar, welchen, aber auch das ist ein anderes Thema. Ob sein Versuch, unsere Beziehungsprobleme mit einer anderen Frau zu lösen, erfolgreich war, verneine ich jetzt einfach mal. Hilfreich war es nicht. Was mich aber wurmt: er hat eine andere Frau gevögelt, während ich die ganze Zeit über treu war. Unfair und gemein ist das, jawohl! Den Gedanken an Rachesex fand ich daher sehr cool. Mit Plattformen wie C-Date wäre das alles recht einfach. Doch statt erotische Bilder heraufzubeschwören, machte der Gedanke mir bewusst, wie schäbig ich mich fühlen würde.

Interessant ist auch, dass Rache nur kurzfristig für Befriedigung sorgt. Kevin M. Carlsmith, der zum Thema Rache forscht, fand in mehreren Studien heraus, dass Menschen, die aus Rache bestrafen, weiterhin über den Delinquenten grübeln, während diejenigen, die nicht bestrafen, „weitermachen" und weniger über den Übeltäter nachdenken.[35] Außerdem denken diejenigen, die tatsächlich Rache geübt haben, anschließend darüber nach, ob sie genügend Rache geübt haben. Wann ist „genug" genug? Und was ist dann anders?

Übrigens: Rache scheint weiblich zu sein. Frauen reagieren offenbar gereizter und wütender auf Betrug.[36] Etwa doppelt so viele Frauen (40 Prozent) wie Männer (22 Prozent) wollen den anderen für seinen Seitensprung bestrafen. 30 Prozent der Frauen, aber nur neun Prozent der Männer lassen ihre Wut am anderen auch wirklich aus. Rache ist also laut Studie eher weiblich.

Auch wenn es manchmal verführerisch klingen mag und ich dadurch Druck abbauen könnte, Rache erscheint mir nicht hilfreich. Klientinnen haben uns unfassbare Dinge geschildert. Von Frauen, die Reifen zerstochen, Lack zerkratzt und Hundekot in den Briefkasten geworfen haben, von verzweifelten Liebes-Mails und Hass-WhatsApps, von Stalking, persönlicher Bedrohung und vielem mehr.

In Gedanken habe ich mir genüsslich ausgemalt, wie ich es ihm heimzahle. Ich habe mir vorgestellt, wie ich ihm eins auswische und ihm und seiner Neuen das Leben so richtig schwer und madig mache. Aber eben nur in Gedanken und nur in ganz schwachen Momenten.

Denkst du, Rache wäre hilfreich?

sie

Mir ist ein Maultier verloren gegangen,
ich habe ein Maultier verloren,
ich bin verzweifelt, ich weiß nicht weiter.
Ich kann nicht mehr leben, wenn ich mein Maultier nicht finde.

So jammerte sich Nasruddin auf der Suche nach seinem verlorenen Maultier quer durchs Dorf.

"Wer mein Maultier findet", sagte er wieder und wieder, "wird zur Belohnung... mein Maultier bekommen."

Die Leute redeten auf ihn ein:
"Du bist ja verrückt... Ganz durchgedreht bis du. Du hast ein Maultier verloren, und dem Finder willst du zur Belohnung dein Maultier geben?"

Woraufhin Nasruddin antwortete:
"Ja, ich leide darunter, es nicht zu haben,
aber noch viel mehr leide ich daran,
dass es mir verlorengegangen ist."

Geschichten über Nasruddin Hodscha

Wie ist das denn so mit ihr?

„Wie ist das, wenn ihr Zeit miteinander verbringt? Wie sehen eure Abende aus? Kocht ihr gemeinsam, trinkt ihr gemütlich ein Glas Wein zusammen? Trefft ihr euch mit ihren Freunden? Macht ihr Ausflüge? Redet ihr über die Dinge, über die wir auch gesprochen haben? Die Kinder, den Job, die Bücher, die ihr gerade lest, aktuelle Tagesthemen, Neuigkeiten von Familie und Freunden? Sprecht ihr auch über mich oder uns?“„Wie ist es zusammen mit den Kindern, unseren und ihren? Wie fühlt es sich an, ihr Kind auf dem Arm zu halten?“„Wie habt Ihr die Wohnung eingerichtet? Gemeinsam oder du alleine? Wer kümmert sich um den Haushalt? Wer putzt, wer bringt den Müll raus?”

Fragen über Fragen... Auf jede gebe ich mir selbst die Antworten und es entstehen lebendige Bilder im Kopf. Aber es sind eben nur meine Bilder. „Wie war das denn so mit ihr?”, frage ich dann. „Warum willst du das denn so genau wissen? Das tut dir doch nur noch mehr weh!” Mein Mann ist irritiert und verunsichert.

Natürlich hat er völlig recht und ich wünschte, ich würde mir diese Fragen nicht ständig stellen. Doch genau das tue ich. Immer und immer wieder. Für mich werden Dinge dann verständlich, wenn ich sie mir vorstellen kann. Die Antworten würden mir helfen, dass das Unfassbare irgendwie greifbarer wird. Solange die Antworten auf meine Fragen reine Spekulation sind, komme ich nicht weiter.

„In meinem Kopf entstehen Bilder, die so vermutlich nicht stimmen. Das lässt sich vermeiden, wenn du mir etwas von euch erzählst, auch wenn es weh tut. Es hilft mir, eine halbwegs realistische Vorstellung zu entwickeln”, sage ich und ernte nur Kopfschütteln. „Aber es ändert doch nichts.”

Ja, das weiß ich auch. An der Tatsache unserer Trennung ändert es nichts, aber vielleicht an meinen Möglichkeiten, damit umzugehen. Vielleicht daran, das alles etwas besser zu verstehen. Man klammert sich halt an jeden Strohhalm.

Für mich fühlt es sich an, als würde ich vor einem Puzzle stehen. Einem 1000er. Viele Einzelteile, die auf den ersten Blick kein ganzes Bild ergeben. Dann und wann erhasche ich einzelne Gesprächsfetzen am Telefon, die Kinder erzählen ein wenig, ich sehe die Veränderung am Partner: neues Auto, neue Frisur, neue Klamotten. Einzelne Puzzleteile fügen sich zu einem Bildausschnitt ineinander. Dennoch, ein Großteil des Neuen liegt im Verborgenen, und so konstruiere ich die fehlenden Puzzleteile, um das ganze Bild betrachten zu können.

„Wie ist sie denn so?", frage ich. „Sie ist ein sehr feinfühliger, lebensbejahender Familienmensch. Ich wünschte, ihr würdet euch irgendwann mal kennenlernen, du würdest sie sicher mögen", erzählt mein Mann. Aha, interessant. Wie kann eine Person sooooo feinfühlig sein, die trotz mehrfacher Absagen ihrer neuen Verheirateter-Familienvater-Beute keine Ruhe gibt? Wie kann ich ernsthaft eine Person mögen, die neben ihrer eigenen auch noch eine andere Familie zerstört? Und was, bitte schön, ist daran feinfühlig? Mir fallen eher Adjektive ein wie selbstsüchtig, rücksichtslos und blöde, und ich merke, wie ich wütend werde. So geht das nicht. Ich drehe mich im Kreis. Mir wird klar, auf die eigentliche Frage hinter all diesen Fragen finde ich auf diesem Weg keine Antwort:

Was um Himmels Willen hat dich von mir weg, hin zu ihr geführt?

Jorge Bucay beschreibt sehr treffend den Unterschied zwischen Liebe und Verliebtsein und was es im Wesentlichen für letzteres braucht. Das Magische zu erklären, scheint müßig. Er führt jedoch zwei Punkte an, die Voraussetzung dafür sind, sich zu verlieben: Zum einen muss der/die andere eine Fähigkeit oder Qualität haben, die ich überschätze und zum anderen muss eine „Verliebtheits-Bereitschaft" da sein, was Bucay mit dem Verlust der rationalen Kontrolle über das Handeln gleichsetzt.[37]

Über die Reihenfolge der Voraussetzungen für das Verliebtsein kann man streiten. Wenn ich nicht empfänglich bin für die Signale von außen, nehme ich diese vermeintlichen Qualitäten oder Fähigkeiten vermutlich gar nicht wahr. Zumindest nicht mit Blick auf die Option einer sich anbahnenden Leidenschaft. Dafür sind Offenheit und die „Verliebtheits-Bereitschaft" vonnöten.

Hat Verlieben also etwas mit Wollen zu tun? Kann ich wirklich kontrollieren, ob ich mich verliebe oder nicht?

Nun ja, Jorge Bucay schlägt hier eine Differenzierung vor: Es ist eine Sache, verliebt zu sein, und es ist eine andere, sich wie ein verantwortungsloser Trottel zu verhalten.[38]

Dem habe ich nichts hinzuzufügen :-) Du?

Solidarität heißt, ein fremdes Problem zu deinem eigenen zu machen.

Kuno Klamm

Ich dachte, wir Frauen seien solidarisch

Kaum habe ich den Satz ausgesprochen, bereue ich es schon. Meine Kollegin lacht sich nämlich gerade schlapp. Dass mein Kerl mich betrügt, ist schon schlimm genug. Aber dass eine Frau sich in eine feste Beziehung hineindrängt, noch dazu in eine Beziehung mit Kind, will mir einfach nicht in den Kopf. Seit wann sind Frauen so unsolidarisch? Die Kollegin giggelt immer noch. Nervig!

Interessante Frage. Warum glaube ich, dass diese Frau solidarisch sein sollte? Wer ist eigentlich diese Frau? Ist sie einfach nur die Geliebte? Die Neue? Das Biest? Das Opfer? Die Affärenfrau? Mein Mann nannte sie „die andere Frau“. Doch das ist sie definitiv nicht. Neben mir gibt es keine „andere Frau“.

Je nachdem, wen man fragt, hat die Gute viele Namen. Wir nennen sie gerne „Trulla“ oder „Tante“. Es lästert sich einfach leichter, wenn man sie nicht beim Namen nennt. Aber egal, welchen Namen man vergibt, eine Zweitfrau hat schlechte Karten. Sie wurde und wird stets als gesellschaftliches Tabu betrachtet. Auch wenn wir mittlerweile offener sind und toleranter werden. Als Schattenfrau an der Seite eines liierten Mannes genießen die Damen kein besonders hohes Ansehen.

Erst kürzlich habe ich zwei davon kennen gelernt. Supernett, witzig, echte Kumpeltypen – aber als sie erwähnten, dass sie gerade in einer unglücklichen Beziehung mit einem gebundenen Mann steckten, merkte ich, wie ich auf Abstand ging. Wie kann man nur, dachte ich und stellte fest, dass ich die Frage laut gestellt hatte.

Es ist immer die große Liebe. Einzigartig. Es fühlt sich so gut an und so leicht. Echte Liebe eben. Aha!

Und warum trennt er sich dann nicht? Na ja, seine Frau ist krank. Er will die Kinder nicht verlassen. Im Job ist gerade zu viel los... Blablabla.... Es sind immer die gleichen Argumente und ich kann sie nicht mehr hören. Es ist ja längst erwiesen, dass die Kerle das Hirn abschalten. Offensichtlich tun es die Frauen aber auch.

„Als Betroffene habe ich überhaupt kein Mitleid mit diesen Frauen. Wer sich in eine Beziehung hineindrängt, hat es nicht anders verdient als zu leiden", sagen die einen. „Eine Geliebte zerstört nichts, was nicht schon kaputt wäre", sagen die anderen. Tja, da kommen wir wohl nicht zusammen. Eines ist jedoch klar. Mit Solidarität hat das alles nichts zu tun. Solidarität ist laut Wikipedia eine „zumeist in einem ethisch-politischen Zusammenhang benannte Haltung der Verbundenheit mit – und Unterstützung von – Ideen, Aktivitäten und Zielen anderer".[39] Interessant ist, dass auch von Zusammenhalt zwischen gleichgesinnten oder gleichgestellten Individuen und Gruppen die Rede ist und dem Eintreten dieser für gemeinsame Werte. Dass ich nicht lache.

Der Gegenbegriff zu Solidarität gefällt mir. Konkurrenz. Da kommen wir dem Ganzen doch schon ein Stück näher. Die Geliebte buhlt verzweifelt darum, nun dauerhaft den Platz an seiner Seite einzunehmen. Kein Weg ist zu weit. Kein Aufwand zu hoch. Der Phantasie sind keine Grenzen gesetzt. Schließlich ist sie überzeugt, die einzig Richtige für ihn zu sein. Ich frage mich immer, woher sie dieses Wissen nimmt? Ich werde es wohl nie verstehen. Aber egal. Zumindest weiß ich jetzt: Frauen sind nicht solidarisch! Nicht, wenn es um ihr eigenes Liebesglück geht.

Das Wenige, das du tun kannst, ist viel.

Albert Schweitzer

Das Wenige, das du einfach besser NICHT tun solltest, ist viel wert.

Die Autorinnen

Die Geister, die er rief

Wir haben uns entschieden, es noch einmal versuchen. Ein Neustart quasi. Das heißt, wir haben uns gemeinsam für die Beziehung und gegen zukünftiges Fremdgehen, gegen Seitensprünge, Affären, Racheakte oder Kontrollieren des anderen entscheiden. Dazu gehörte auch, dass der Kontakt zu der Frau eingestellt werden musste. Um ganz sicher zu sein, dass er mich nicht wieder anlügt, im Sinne von: „Nein, sie hat sich nicht per WhatsApp gemeldet", aber den Kontakt per Mail und Telefon verschweigt, weil ich danach ja nicht gefragt habe, fordere ich: „Null Kontakt. Weder digital noch analog. Auch nicht per Rauchzeichen oder Trommeln oder anderweitig." Man kann ja nie wissen. „Versprochen!" „Und wenn sie sich meldet, will ich, dass du es mir sagst, unaufgefordert." „Versprochen!" Irgendwie kam ich mir vor wie Knecht Ruprecht. Nun denn. Wenn's hilft.

Tut es nicht. Leider habe ich die Rechnung ohne den Wirt oder besser die Wirtin gemacht.

Was nützt mir ein Versprechen meines Mannes, wenn diese Frau sein „Nein" nicht akzeptiert. „Das hatten wir doch schon! Du weißt doch, dass das Blödsinn ist. Ich akzeptiere das nicht", waren noch die harmlosesten Kommentare auf seinen Kontaktabbruch. Und dann begann es erst richtig. Von Einschmeicheln über Tränenausbrüche bis hin zu Beschimpfungen und Drohungen, mir alles zu sagen, war alles dabei. Nun, so kann man eine Affäre auch am Leben halten.

Nichts ist schlimmer als eine durchdrehende Geliebte, die den Mann nebst Familie terrorisiert. Sie mag ihre Gründe haben, aus Sicht der betroffenen Familie aber ist solch ein übergriffiges Verhalten ein Alptraum.

Eine zurückgewiesene Geliebte kann unglaublich erfinderisch und noch zerstörerischer sein, ganz nach dem Motto: Ich kann ihn nicht haben? Du erst recht nicht! Da werden ruf- und geschäftsschädigende Gerüchte in die Welt gesetzt. Autos zerkratzt, Telefonverteilerkabel zerschnitten, Briefkästen angezündet. Kreditkartennummern und Kontaktdaten missbraucht. Nächtliche Anrufe getätigt. Die Ehefrau erhält WhatsApp, SMS und E-Mails, in denen die Affäre bis ins kleinste Detail beschrieben wird. Manch eine täuscht eine Schwangerschaft oder eine Krankheit vor oder droht gar mit Suizid. Die eine oder andere macht auch nicht Halt vor den Kindern. Was macht man da?

So übergriffig es sich anfühlt, wenn die ehemalige Geliebte durchdreht, so abstoßend ist es aber auch, wenn sie auf die freundschaftliche Tour um die Ecke kommt. Wer kann schon etwas gegen einen Geburtstagsgruß oder eine nette "Wie geht es dir"-Mail sagen? Lass uns Freunde bleiben, lautet häufig der Wunsch. Wer kennt diesen Satz nicht. Zugegeben, manchmal funktioniert das sogar. Dass man nach einer Trennung befreundet bleibt. Aber ganz sicher nicht mit der Affäre! Als mir mein Mann erzählte, dass die Frau ihn gefragt hatte – das war, bevor sie durchdrehte – ob sie denn Freunde bleiben könnten, blieb mir der Mund offenstehen. In welchem Paralleluniversum lebt die denn? Ich stellte mir vor, wie es wohl wäre, wenn wir beide mit ihr und ihrem neuen Partner bei Kaffee und Keksen in entspannter Atmosphäre über alle möglichen Dinge reden und von Herzen lachen würden. Und die beiden schwelgen womöglich in gemeinsamen Erinnerungen? Das ist ja schon mit einer echten Ex schwer, aber mit einer Affäre? Unvorstellbar. Da halte ich es mit Hildegard Knef. Die hat angeblich in Sachen Liebe nie lang rumgeheult.

„Wer wird denn weinen, wenn man auseinandergeht“, hat sie gesungen. Die Zeile „Lass uns Freunde bleiben“ kam nicht vor. Nicht, dass ich wüsste.

Trotzdem klopfen ehemalige Geliebte immer wieder an. Du bist mir wichtig. Ich brauche dich. Das, was war, kann doch nicht einfach so weggeworfen werden. Wieso machst du alles kaputt. Ich liebe dich und werde dich immer lieben, auch wenn du mich nicht mehr sehen möchtest. Was so nett klingt, hört sich für mich eher wie eine Drohung oder Erpressung an. Ist mir doch egal, was du willst, ich melde mich bei dir, komme was wolle. Na prima.

Und was sagt mein Mann zu ihrer Bitte, Freunde zu bleiben? Nichts. Vielleicht ist das auch das Beste. Er ignoriert es einfach, sagt er. Ist das der richtige Weg? Vermutlich wäre es sowieso egal, wie er reagiert. Wenn er sich meldet, nimmt er den Faden wieder auf und zeigt Interesse. Meldet er sich nicht, wird womöglich hineininterpretiert, dass ich es ihm verbiete oder er sie absichtlich meidet, weil er sie immer noch liebt und den schützenden Abstand wählt. Was du auch tust, du tust das Falsche.

Freundschaft mit der Ex-Geliebten. Ich kann mir das gar nicht vorstellen. Und doch steht die Frage im Raum, was man mit den Menschen macht, die einen eine Zeitlang intensiv begleitet haben, sowohl körperlich als auch emotional. Kann und soll man jemanden so einfach aus dem Leben streichen? Ist das nicht egoistisch? Mein Mann würde dem zustimmen. Er gehört zu den Menschen, die Harmonie suchen, Konflikte vermeiden und gemocht werden wollen. Ich suche auch Harmonie, aber nicht um jeden Preis. Und Konflikte auszutragen habe ich gelernt.

Ich finde es nervig, Dinge auf die lange Bank zu schieben. In diesen Dingen sind mein Mann und ich sehr unterschiedlich. Ist Freundschaft also möglich? Aus meiner Sicht ist die Antwort klar: Nein! Nach einer Affäre muss das aufhören. Sofort. Mein Mann hat jedoch Sorge, dass man schlecht über ihn denken könnte. Dass die Frau traurig ist. Und? Aus Nächstenliebe den Kontakt zur Ex-Geliebten aufrechtzuerhalten ist eine interessante Herangehensweise. Und wie es mir dabei geht, ist egal?

Als wir uns mit dem Thema beschäftigt haben, war schnell klar, dass die Wissenschaft hier nicht weiterhilft. Man stelle sich vor, es gäbe eine Studie, in der zu lesen ist, dass in 15% der Fälle ein Paar nach Auffliegen der Affäre mit der Geliebten befreundet ist. Würde das etwas verändern oder würden Betroffene nur sagen: „Was für Idioten?“ Wir sind eher der Ansicht, dass das jedes Paar für sich entscheiden sollte. Da wir auch Betroffene sind, war uns vor allem wichtig, dass der Mann sich darüber im Klaren ist, wofür eine mögliche Freundschaft mit seiner Ex-Geliebten stehen würde. Und auch für die betrogenen Frauen sollte klar sein, wie sie damit umgehen wollen, wenn es heißt „mir ist diese Freundschaft wichtig“.

Ich für meinen Teil habe mich sehr deutlich positioniert. Ich will das nicht. Ein absolutes Kontaktverbot ist meiner Meinung nach jedoch nicht hilfreich, denn wenn mein Mann den Kontakt zulässt oder gar selbst sucht, ist das für mich ein klares und wichtiges Signal, dass er mit dem Thema noch nicht abgeschlossen hat. Ein Verbot würde also verleugnen, was da ist, womit der Betrug von vorne anfangen würde.

Ich hätte mir gewünscht, mein Mann wäre von Anfang an offen gewesen und hätte mir die ganze Geschichte erzählt. Wir hätten uns die Wochen mit E-Mail-, WhatsApp- und Telefonterror durch die Trulla ersparen können.

An dieser Stelle sei erwähnt, dass es, sobald dieser Terror außer Kontrolle gerät, nicht mehr nur um ein Sex-Techtelmechtel, sondern um kriminelle Handlungen geht. Offenheit ist daher essenziell. Nicht nur, um die eigene Erpressbarkeit auszuhebeln, sondern um der Partnerin die Chance zu geben, bei eventuellen Kontaktversuchen durch die Ex-Geliebte besonnen reagieren zu können. Und: Anzeige gegen die Ex-Geliebte zu erstatten, ist ein probates Mittel. Verleumdung, Rufschädigung, Sachbeschädigung, Beleidigung, Bedrohung und Nötigung sind strafbar! Erfahrungsgemäß verlaufen diese Anzeigen zwar im Sande, d.h. der Strafantrag wird abgewiesen, aber allein das juristische Prozedere hat häufig abschreckende Wirkung und ernüchtert die Dame garantiert.[40]

Ich muss gestehen, dass ich zeitweise zwischen Wut und Bewunderung hin und her schwanke. Wut auf meinen Mann, weil er so einen Scheiß gemacht hat und wir das jetzt zusammen ausbaden müssen. Wut auf die Frau, die nicht kapieren will, dass es zu Ende ist. Denn solange diese „Dritte" im Bunde immer wieder auftaucht, kann ich nicht abschließen. Das Problem ist jedoch, dass wir uns in unserer digitalen Welt nicht abschotten können. Ich kann es jedenfalls nicht. Und mein Mann irgendwie auch nicht. Die Tanten finden immer einen Weg in Kontakt zu treten. Immer. So viel kann man gar nicht blockieren. Und da setzt dann (in ganz schwachen Momenten) Bewunderung ein.

Was ich schmerzlich gelernt habe: Es erfordert einfach Zeit. Was über Monate oder Jahre gewachsen ist, könnte theoretisch von heute auf morgen aufhören. Tut es aber nicht. Dafür müssten alle Beteiligten davon überzeugt sein, dass das die richtige Lösung ist. Eine Geliebte ist das vermutlich nicht. Nicht, wenn ER die Beziehung beendet und SIE immer noch glaubt, die Richtige für ihn zu sein. Und ich muss das Vertrauen in meinen Mann haben, dass er es ernst meint, wenn er sagt, er habe alles beendet und werde den Kontakt einstellen.

Irgendwo zwischen Kontrolle und Laufenlassen liegt die Wahrheit, nur was ist hilfreich?

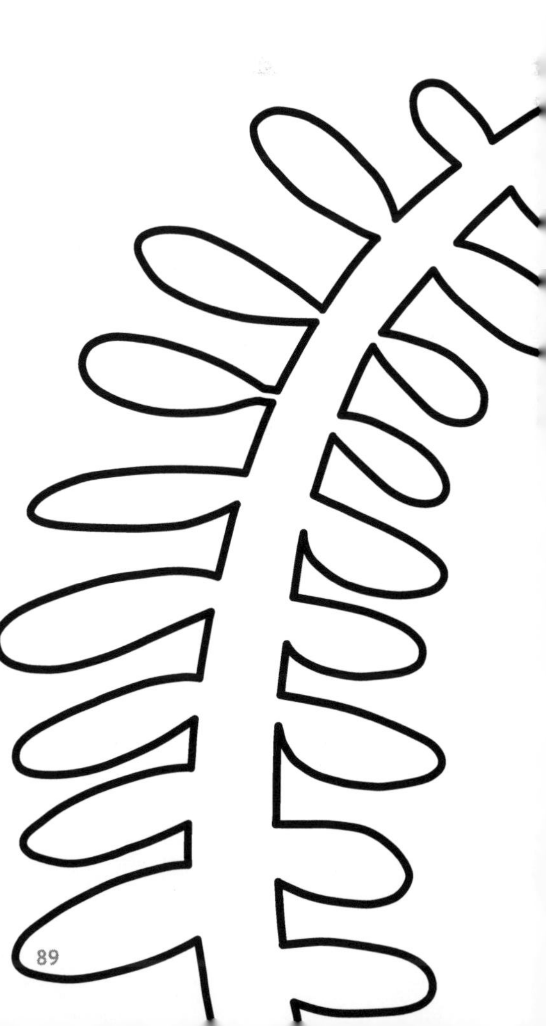

Er

Was jetzt nicht funktioniert, ist jetzt nicht dran.

Unbekannt

Das hatte nichts mit dir zu tun

Wie meinst du das, das hatte nichts mit mir zu tun? Ungläubig schaue ich meinen Mann an. Wenn du fremdgehst, hat das sehr wohl was mit mir zu tun. Ich bin sprachlos. Er bleibt dabei. Die andere Frau habe er nur auf seinen Geschäftsreisen getroffen, das sei ein anderes Leben. Das habe nichts mit mir zu tun. Aha. Interessant. So kann man es auch sehen.

Offenbar ist er mit dieser Ansicht nicht allein. Als ich kürzlich mit zwei guten Freunden zusammensaß – männliche Freunde, muss man dazu sagen – und wir auf das Thema „Fremdgehen" kamen, schien das für die beiden ebenfalls vollkommen plausibel. Mir blieb die Spucke weg. Die auch?!

Männer und Frauen, so Barbara Unterberger, Betreiberin der Webseite „diegeliebte.de" ticken beim Fremdgehen unterschiedlich. Ein Mann sei typischerweise aktiv auf der Suche nach Sex und Selbstbestätigung. Dass er seine Partnerin verletzen oder gar verlieren könnte, spiele bei seinen Überlegungen kaum eine Rolle. Eine Frau verhalte sich zunächst wesentlich passiver, beim Betrug sei sie deutlich „entscheidungsfreudiger" und im Zweifel auch „trennungsbereit", ganz im Sinne von: „Der Mann genießt und schweigt; die Frau genießt auch – und denkt nach".[41]

Diese Erkenntnis der Expertin kann Wissenschaftler Beer durch seine Studiendaten teilweise durchaus bestätigen. So sinnieren wesentlich mehr Frauen als Männer über die tieferen Gründe ihres Tuns nach. Erst wenn der Fehltritt aufgeflogen ist, ziehen die Herren nach.[42]

Aha, so ist das also. Womit wir wieder bei dem Punkt angelangt sind, dass zum einen das Hirn ausgeschaltet ist und es zum anderen einfach passiert. Es war nie Absicht und hat damit auch überhaupt nichts mit mir zu tun. Wie alt sind die Kerle eigentlich?

Der Verhaltens- und Paartherapeut Christoph Kröger würde sagen, dass die Betroffenen (Fremdgänger) immer erfinderischer werden, was ihre Rechtfertigungen auch gegenüber sich selbst angeht. Anfangs gestehen sie sich laut Kröger einen Flirt zu, dann einen Kuss oder gar intime Berührungen.[43] Ein schleichender Prozess quasi, bei der die Grenzen immer weiter verschoben werden und es so schlimm doch gar nicht ist und nichts mit der Primärbeziehung zu tun hat. Spaß haben ist die Devise. Im Gegensatz zu den meisten Frauen brauchen Männer auch keine tiefen Gefühle, um Sex zu haben. Wenn also in der langfristigen Partnerschaft „die Luft raus" ist und sie nicht mehr bekommen, was sie sich wünschen, suchen sie sich die Dinge eher in einer Affäre, statt an der eigenen Ehe zu arbeiten.[44] Wozu alles aufgeben, wenn man doch nur Spaß haben will, oder, wie Charifi sagt, wozu die Kuh kaufen, wenn man doch nur Milch trinken will? Heißt also, ich halte mir meine Frau „warm" und habe Spaß mit anderen.

Als ich meinen Mann frage, ob er mir das auch zugestehen würde, zögert er. Letzten Endes ist klar, dass das ja was ganz anderes sei und „nein, das fände er nicht gut". Wie würde er dann reagieren, wenn ich ihm eröffne, dass ich seit Jahren mit ein, zwei, drei anderen vögle? Er würde das nicht akzeptieren und sich vermutlich von mir trennen. Und warum genau glaubt er dann, dass das alles nichts mit mir zu tun habe, wenn er genau das tut? Ja, wenn ich das so betrachten würde, hätte das dann wohl doch was mit mir zu tun.

Manchmal habe ich das Gefühl, mit einem Teenager zu sprechen. Das Schlimme daran ist, dass ich den Respekt verliere.

Wie lässt es sich erklären, dass Männer glauben, die Parallelbeschäftigung hätte nichts mit der aktuellen Beziehung zu tun? Mark Gungor, ein Pastor im US-amerikanischen Bundesstaat Wisconsin, eher bekannt als Paartherapeut und Comedian, hat dafür eine ganz andere Erklärung.[45] Bitte schaut euch sein Youtube-Video an. Ich habe mich weggeschmissen. Er ist der Ansicht, dass Männer anders ticken als Frauen und dass Frauen anders denken als Männer. Die beste Grundlage für Missverständnisse und Streitigkeiten. So weit, so gut. Das ist jetzt nicht wirklich neu, werdet ihr denken… . Der Grund dafür liegt laut Gungor am Bau und der Arbeitsweise des jeweiligen Gehirns. Er ist der Überzeugung: Ein Männergehirn besteht aus lauter Boxen, also kastenförmigen Behältern. In jeder dieser Boxen ist ein einzelnes Thema gelagert. So hat der Mann eine Box für sein Auto, sein Haus, seine Arbeit, seine Schwiegermutter, seine Frau, seine Freizeit und natürlich seine Affären usw. All diese Boxen sind schön groß und sauber neben- und übereinander gestapelt. Die Regel ist: keine der Boxen berührt eine andere. Und wenn ein Mann über ein bestimmtes Thema sprechen will, geht er zu dieser speziellen Box, zieht sie aus dem Stapel, öffnet sie vorsichtig und spricht über genau das, was in dieser Box ist. Und nur über das. Dann schließt er die Box wieder und stellt sie ganz, ganz vorsichtig zurück, sorgfältig darauf bedacht, keine der anderen Boxen zu berühren. Sobald die Box wieder an ihrem Platz steht, ist das Thema für den Mann erledigt. Endgültig. Damit ist sonnenklar: Mit mir hat das nichts zu tun.

Ich weiß nicht, wie es dir geht, aber ich bin sprachlos.

Liebe ist die wunderbare Gabe, einen Menschen so zu sehen, wie er nicht ist.

Hannelore Schroth

So bist du also auch

Nie hätte ich ihm das zugetraut. Niemand hätte das. Er hat mich betrogen und belogen. Ich schaue ihn manchmal an und frage mich, wer dieser Mensch ist, mit dem ich so lange schon zusammen bin? Habe ich mich so in ihm getäuscht? Kenne ich ihn überhaupt? Wie kann er so etwas tun? War er schon immer so und hatte sich nur zurückgehalten? Oder hat er sich so sehr verändert? Wir waren uns doch so nah, so vertraut. Wie kann das alles sein? Ich weiß nicht mehr, was ich glauben soll. Er war so ein feiner Mensch. Ich bin so wahnsinnig enttäuscht.

Fremdgehen ist für eine Beziehung eine der größten Katastrophen. Nichts ist mehr so wie es war. Die Beziehung wird quasi von einem Moment auf den nächsten zerstört und mit ihr unser Bild vom Partner. Übrig bleibt… ja was eigentlich? Eine Illusion?

„So bist du also auch" ist ja nicht nur die Erkenntnis, dass der andere anders ist als erwartet. Sie zeigt auch, dass wir eine ganz bestimmte Vorstellung davon haben, wie der Partner ist. Woher aber wissen wir, wie ein Mensch ist und woher nehmen wir eigentlich das Recht, einem Menschen zuzuschreiben, wie er zu sein oder sich zu verhalten hat?

Gehen wir der ersten Frage nach: „Woher wissen wir eigentlich, wie ein Mensch ist?"

Paul Watzlawick und andere namhafte Konstruktivisten wie Ernst von Glaserfeld und Heinz von Förster gehen davon aus, dass ein Mensch die eigene Interpretation seiner Umgebung selbst konstruiert. Oder wie es Heinz von Förster formuliert: „Die Umwelt, so wie wir sie wahrnehmen, ist unsere Erfindung."[46] Einfach ausgedrückt, wenn wir Signale aus der Umwelt aufnehmen, werden diese über unsere Sinne an das Gehirn geleitet und verarbeitet.

Wir versuchen, den aufgenommenen Informationen mit Hilfe früherer Erfahrungen Bedeutung zu verleihen. Bevor wir jedoch in den Radikalen Konstruktivismus eintauchen, versuchen wir seine grundlegenden Ideen anhand eines einfachen Beispiels zu erklären. Du kennst doch sicherlich diesen Comic zur richtigen Nutzung einer Klobürste. Wer noch nie zuvor eine Klobürste gesehen hat, sieht lediglich einen langen Stab mit ein paar Borsten am Ende und fragt sich zu Recht, wozu man dieses Ding wohl braucht. Haare kämmen? Zähne putzen? Staub wischen? Partner massieren? Deko? Nur wer in seinem Gedächtnis das Bild der Klobürste abgespeichert hat und weiß, wofür sie benutzt wird, könnte einen ähnlich gearteten Gegenstand einer Klobürste zuordnen.

Was hat die Klobürste mit unserem Fremdgänger zu tun? Wahrnehmungen, die wir mit Hilfe unserer Sinnesorgane und unseres Gehirns machen, können dem Konstruktivismus zufolge niemals ein Abbild der Realität sein, sondern immer nur ein Konstrukt aus Sinnesreizen und Gedächtnisleistung. Zumindest behaupten das die oben genannten Herren. Der lange Stab mit Borsten am Ende wird zur Klobürste, weil wir damit eine Erfahrung verknüpfen. Auf gleiche Weise ordnen wir auch das Verhalten eines Menschen immer nach unseren eigenen Maßstäben ein. Wenn wir sagen „Er ist so" meinen wir „nach meiner Erfahrung passt dieses Verhalten in dieses oder jenes Muster, das ich von ihm kenne." Auch das ist also lediglich ein Konstrukt aus Sinnesreizen und meiner eigenen Gedächtnisleistung. „Mein Bild von dir stammt aus meinem Farbkasten",[47] so würde es Charifi erklären. Das heißt, als ich meinen Mann kennengelernt habe, habe ich ihn mit meinen Sinnen wahrgenommen. Das, was ich gesehen, gehört, geschmeckt, gefühlt habe, habe ich mit meinen Erfahrungen abgeglichen, bewertet und abgespeichert.

Diese Bewertung entscheidet, ob wir bunte, fröhliche Bilder malen oder dunkle, bedrohliche. Selbstverständlich habe ich in der Phase der Verliebtheit vor allem Bilder in rosarot gemalt. Mit der Zeit wurden die Farben kräftiger, manchmal etwas dunkler, aber im Großen und Ganzen blieben sie fröhlich. Mein Bild war irgendwann fertig. Wir kannten uns. Wir wussten nun, mit wem wir es zu tun haben.

Wir maßen uns an zu wissen, wie sich ein Mensch in bestimmten Situationen verhält und dass das auch immer so sein wird. Und häufig funktioniert unser innerer Kompass auch sehr gut. Das Vertrackte ist jedoch, dass sich aus unserem vermeintlichen Wissen über den anderen Erwartungen ableiten. Wir erwarten, dass er so und so reagiert, dass er dieses oder jenes niemals tun würde. Und wir sind überrascht oder gar enttäuscht, wenn es anders kommt. So ist er doch gar nicht. Wie gesagt, wir kennen ihn ja. Die Grenze zur Bevormundung ist nicht mehr weit.

Ich nenne dafür ein Beispiel: Mein Mann merkt sich nie meine Termine. Egal, wie häufig ich sie erwähne oder ob ich sie ihm sogar per Mail zuschicke. Er vergisst sie einfach. Nicht selten ist er völlig erstaunt, wenn er sieht, dass ich mich fertig mache, um das Haus zu verlassen, obwohl ich ihm gefühlte hundert Mal davon erzählt habe. Ich habe den Eindruck, dass ihm meine Termine einfach nicht wichtig sind. Wenn er mich fragt, ob dieser oder jener Tag wohl passend für eine von ihm geplante Aktivität sein könnte, flippe ich innerlich schon aus, weil er mit Sicherheit meine Termine nicht im Kopf hat. Sonst müsste er ja nicht fragen.

Im Prinzip regt mich schon die Frage auf. Das Bild, das ich von ihm habe, der Eindruck, dass meine Termine ihm einfach nicht wichtig sind, sorgt dafür, dass der Konflikt vorprogrammiert ist.

Das ist ein bisschen wie in Paul Watzlawicks „Die Geschichte mit dem Hammer“.[48]

Die Beispiele zeigen, dass die Bilder, die wir uns von Menschen machen, ein Ergebnis unserer Wahrnehmung und der Bewertung unserer Erlebnisse sind. Vermeintliche „Wissenslücken” in Bezug auf den anderen schließen wir also einfach durch unsere eigene Interpretation. Damit konstruieren wird ein Fremdbild und reagieren und handeln auf eine Art und Weise, die womöglich wenig bis gar nichts mit der Realität zu tun hat. Und wenn er es wagt, sich anders als erwartet zu verhalten, geben wir ihm die Schuld für unsere Enttäuschung.

Viele Situationen zu Beginn unserer Beziehung führten dazu, dass ich mir im Laufe der Jahre ein bestimmtes Bild von meinem Mann gemacht habe. Ich erinnere mich beispielsweise an viele Gespräche, in denen wir über Treue gesprochen haben und wie verwerflich er den Gedanken fand, ein anderer Mann könnte mich küssen. Treue war für ihn das oberste Gebot. Auch er konnte sich nicht vorstellen fremdzugehen. Entsprechend ist mein Bild von ihm das des treuen Mannes. Unvorstellbar, dass er hinter meinem Rücken etwas mit einer anderen anfängt. Das passt einfach nicht (mehr?) in mein Bild von ihm. Und doch ist es passiert. Was jetzt? Male ich ein neues Bild? Vermutlich ja. Ich dachte an das „Bildnis des Dorian Gray“, einen Roman von Oscar Wilde, in dem die Hauptfigur, der schöne und reiche Dorian Gray, von einem befreundeten Maler ein Portrait von sich erhält. Während Dorian trotz maßlosen Lebens immer gleichbleibend jung und makellos aussieht, altert das Portrait an seiner statt auf dem Dachboden und zeigt im Laufe der Zeit ein immer hässlicheres Abbild. Nun ja, ganz so weit muss es ja nicht kommen.

Ich denke da eher an ein paar schwarze Flecken. Warum nicht andersfarbige Streifen, fragt er mich? Hmm... darüber habe ich noch gar nicht nachgedacht.

Jorge Bucay sagt dazu:
Es hat sich nichts verändert....
Die Landschaft ist noch die Gleiche...
doch die Augen, die den Horizont betrachten...
in denen... hat sich durchaus etwas verändert...[49]

In Zukunft werde ich das Bild von meinem fremdgehenden Mann wohl eher wie ein unfertiges Gemälde betrachten. Es mag in vielen Aspekten mit dem realen Menschen übereinstimmen, dennoch ist es mein Bild. Und Menschen verändern sich. Je flexibler ich damit umgehe, desto weniger enttäuscht bin ich, wenn er mal wieder anders agiert, als ich es erwartet habe. Dann wäre die Feststellung „So bist du also auch!" weniger ein Vorwurf als vielmehr eine interessante Entdeckung.

Übrigens wurde ich kürzlich gefragt, ob mein Mann sich tatsächlich ein Tattoo habe stechen lassen. „Niemals!", lag mir schon auf der Zunge. Ich hielt kurz inne, atmete tief durch und sagte „Kann sein. Ich glaube es zwar nicht, aber man weiß ja nie". Dann überlegte ich mir, wie ich es wohl finden würde, wenn er abends mit einem Tattoo nach Hause käme.

Habe ich schon erwähnt, dass ich Überraschungen nicht mag?

Wie sieht das Bild aus, das du dir von deinem Partner machst?
Wo unterstellst du ihm ein bestimmtes Verhalten?
Wo überrascht er dich?

Es ist leichter Liebhaber als Ehemann zu sein, weil es schwerer ist, alle Tage Geist zu haben, als von Zeit zu Zeit eine hüb-sche Bemerkung zu machen.

Honoré de Balzac

Erst eine, dann zwei, dann drei, dann vier...

Als mein Mann mir sagte, dass er mich für eine andere verlassen werde, war ich wie paralysiert. Ich hatte tausend Fragen im Kopf. Aber lohnte es sich, diese zu stellen? Ich entschied mich dagegen. Es war alles gesagt. Er sagte noch so etwas wie: „Ich habe sie vor wenigen Monaten getroffen“ und „Ich habe mich verliebt“, aber ich wollte es nicht hören. Ich wollte nur, dass er so schnell wie möglich aus meinem Leben verschwindet. Er ging. Und kam wieder.

Nur wenige Wochen, nachdem er mir verkündet hatte, dass er mit einer anderen ein neues Leben beginnen werde, stand er wieder vor der Tür. Unsicher und nervös. Jetzt hatte ich Fragen. Viele Fragen. Da mein Mann kein Mensch der Worte ist, erfuhr ich die ganze Geschichte nur häppchenweise. Aus einer Frau wurden zwei, dann drei, dann vier. Warum ich trotzdem bei ihm bleibe? Weil es vier waren. Mir ist schon klar, dass das idiotisch klingt. Wenn ein Kerl jedoch mit vier Frauen parallel Affären anfängt, kann ich davon ausgehen, dass ihm keine wirklich etwas bedeutet hat, und dass es ganz sicher keine Liebe war. Wäre es Liebe gewesen, hätte er sich entschieden. So aber hat er, nachdem die erste wohl nicht die richtige war, die nächste gesucht und einfach vergessen, dass man anstandshalber mit der anderen hätte Schluss machen müssen. Es fällt mir manchmal schwer, mir selbst zu glauben. Da ist eine Seite in mir, die diesen unfassbaren Betrug und die jahrelangen Lügen kaum ertragen kann und eine andere Seite, die Mitgefühl für diese Leere hat, die er verzweifelt versucht hat zu füllen. Was hat er gesucht? Wäre ich geblieben, wenn es nur eine gewesen wäre?

Was auch immer es gewesen sein mag, was meinen Mann in die Arme von vier anderen Frauen getrieben hat, Sex allein kann es nicht gewesen sein.

Die treibende Kraft scheint eher der „Hunger nach Beziehung“ gewesen zu sein. Das zumindest behauptet der Berliner Psychotherapeut und Buchautor Dr. Wolfgang Krüger („Das Geheimnis der Treue“). Im Interview mit Paarberater Christian Thiel geht er sogar noch ein Schritt weiter. Das Unwiderstehliche an einer Affäre ist, dass wir wieder ernst- und wahrgenommen werden von einem anderen Menschen. Manchmal haut das die Menschen richtig um, wenn jemand sich wirklich für sie interessiert.[50]

So muss es auch für meinen Mann gewesen sein. Er lernt eine interessante Frau kennen und glaubt in ihr die Lösung aller Probleme zu finden. Sie versteht ihn. Sie sieht ihn und interessiert sich für ihn und seine Bedürfnisse. Mit ihr kann er das Leben haben, das er schon immer führen wollte. Mit ihr wird alles gut. Was, wenn es wirklich so wäre? Was, wenn sie die Liebe seines Lebens wäre? Was, wenn er das Glück ziehen lassen würde? Es wäre doch fatal, wenn er dieser Chance nicht nachginge und sich für ein Leben mit der zweitbesten Lösung entscheiden würde.

Nur, wie erkennen wir die beste Lösung? Wann sind wir bereit, von der besten Lösung zu sprechen und uns zu entscheiden? Sich für etwas entscheiden, heißt auch, sich gegen alles andere zu entscheiden. Bas Kast geht in seinem Buch „Ich weiß nicht, was ich wollen soll“ der Frage nach, warum wir uns so schwer entscheiden können und wo das Glück zu finden ist. Am Beispiel eines Marmeladenexperiments (US-Psychologin Sheena Iyengar, Columbia University, New York) zeigt er auf, dass Menschen, die eine kleinere Auswahl (an Marmeladen) haben, weniger zweifeln, beherzter zugreifen (kaufen) und am Ende zufriedener mit ihrer Wahl sind als diejenigen mit der größeren Auswahl.

Je vielfältiger die Wahlmöglichkeiten, desto größer die Unfähigkeit, sich überhaupt noch zu entscheiden, sprich sich festzulegen. Nun sind wir keine Marmeladen, die es zu verkosten oder zu kaufen gilt. Trotzdem ergeht es uns als Wohlstandsgesellschaft in vielen Lebensbereichen ähnlich, und das gilt selbst für die Wahl eines Lebenspartners. Je mehr Auswahl wir haben, desto schwieriger wird es, sich zu entscheiden und desto weniger wollen wir uns festlegen. Das noch größere Glück könnte ja nur einen Swipe entfernt sein. Für diese Lebensweise zahlen wir einen hohen Preis.

Was wollen wir eigentlich? Bei dieser Frage geht es weniger um Attribute wie groß, dunkelhaarig, braungebrannt, humorvoll und sensibel. Es geht eher um die Frage, wie ich leben will, wie viel Nähe ich brauche und ob ich eine Familie haben will oder ob und wie ich arbeiten will. Je mehr ich hier in mich gehe und Antworten auf diese Fragen finde, desto klarer wird das Bild, das ich mir von meinem Leben mache. Erst dann kann ich prüfen, ob der Mensch, der mich gerade so fasziniert, überhaupt zu mir passt. Doch im Feuer des Verliebtseins bleibt dieser Realitätscheck meist aus. Verliebtsein heißt laut Bucay, „sich einem schmerzlichen Vergnügen hinzugeben, dem der Selbstauflösung im anderen. Bei ernsthafter Betrachtung würde man merken, wie bedrohlich dieser Zustand für die eigene Integrität ist.“[51]

Uns so lernt mein Mann die „erste“ Frau kennen, ist fasziniert und glaubt, mit ihr endlich sein Glück gefunden zu haben. Doch irgendetwas stört. Es ist klar, dass sie nicht die Richtige ist. Ergo bleibt er bei mir. Aber weil diese Frau ganz witzig und der Sex gut ist, lässt er es einfach weiterlaufen. Dann trifft er die zweite interessante Frau. Die ist es. Ganz bestimmt.

Nach einigen Wochen ist sie es aber auch nicht mehr. Die dritte folgt und die vierte. Hat er gefunden, wonach er suchte? Paartherapeut Ulrich Clement[52] ist der Ansicht, dass Fremdgänger nicht statt der Susi, mit der sie verheiratet sind, die Gabi suchen, die toll im Bett ist, sondern „sie suchen ein anderes Selbst, sie suchen sich". Doch in den meisten Fällen finden sie die Antworten nicht in der Affäre. Erich Fromm würde diese Dynamik so beschreiben: Der Fremdgänger sucht bei einem anderen Menschen, einem neuen Fremden, Liebe. Dieser Fremde verwandelt sich in einen Menschen, mit dem man „intim" ist, sich zu verlieben wird als ein anregendes, intensives Erlebnis empfunden, flaut aber wiederum ab und endet mit dem Wunsch nach einer neuen Eroberung, nach einer neuen, fremden Liebe. Immer mit der Erwartung, dass die neue Liebe ganz anders sein werde als die früheren Liebesbeziehungen. Hinzu kommt, dass die sexuelle Begierde einen großen Beitrag zu diesen Illusionen leistet. Immer wieder wird das verbotene sexuelle Abenteuer mit der Idee der Liebe in Verbindung gebracht und mit dem Irrglauben, man würde sich lieben, weil man sich körperlich begehrt.[53] Sex ist der schlechteste Ersatz für Liebe. Da dürften sich die meisten einig sein. Ich bin geblieben. Obwohl oder gerade weil es vier Frauen waren.

Macht es für dich einen Unterschied, ob dein Mann nur mit einer Frau fremdgeht oder mit mehreren?

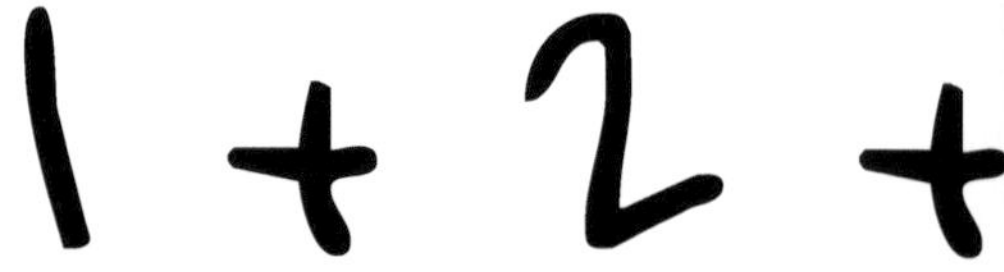

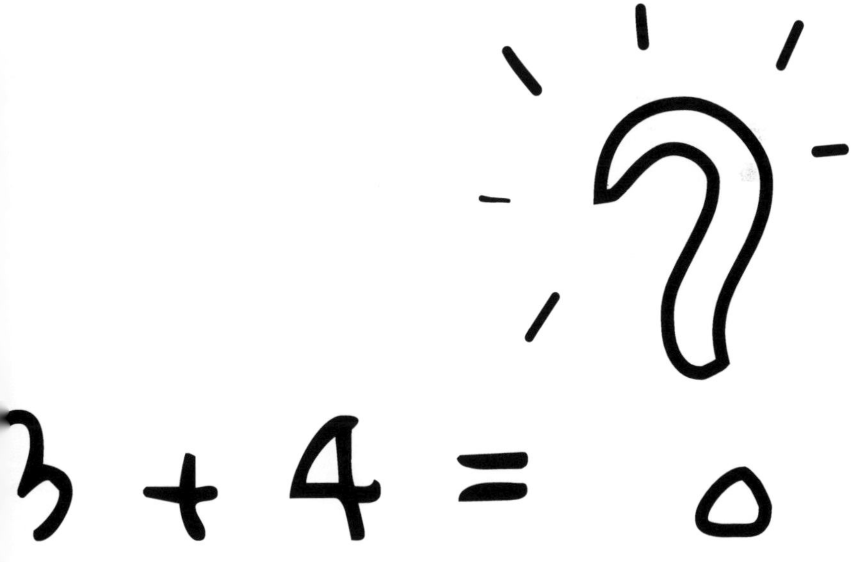

?

$3 + 4 = 0$

Die Zeit mag Wunden heilen, aber sie ist eine miserable Kosmetikerin.

Mark Twain

Nur noch mit dir

(Interview mit einem Mehrfachtäter)

„Tempus fugit". Die Zeit fliegt. Und je mehr die Zeit fliegt, desto mehr scheine ich zu „heilen". Es fällt mir wieder leichter, das Zusammensein mit meinem Mann zu genießen, ohne ständig an diese unsäglichen Geschichten zu denken. Dennoch stimme ich dem Philosophen Blaise Pascal zu: „Die Zeit heilt längst nicht alle Wunden, aber sie rückt das Unheilbare aus dem Mittelpunkt." Oder anders formuliert: Genau so fühlt es sich an. Es ist nicht mehr der Mittelpunkt meines Lebens. Rückblickend betrachtet, war es eine Zeit, auf die ich gerne verzichtet hätte. Manchmal fühlte ich mich wie in einem Monopoly-Spiel. Gehe in das Gefängnis. Gehe direkt dorthin. In dein persönliches Gedankengefängnis. Wieder und wieder habe ich diese gefühlte Ungeheuerlichkeit durchgekaut. Wieder und wieder kreisten meine Gedanken um die gleichen Themen. Als würde es mir Freude bereiten, mich in meinem eigenen Leid zu suhlen. Schlimm. Wieder und wieder musste mein Mann sich anhören, was für ein Arschloch er ist und wie mies ich das alles finde. Er hat es ausgehalten. Respekt!

In der Zeit, in der er fremdgegangen ist, habe ich immer wieder das Gespräch gesucht, um herauszufinden, was denn los sei. Er schaute mich dann mit großen Augen an, zuckte mit den Achseln und sagte, er wisse es auch nicht. Wenn ich etwas vorschlug, um unsere Krise zu meistern, fand er die Ideen meistens gut. Nur umgesetzt hat er davon nichts. Wozu auch. Er hatte ja alles, was er brauchte.

Mein Mann war noch nie ein Mann der Worte. Irgendwann, so sagte er, habe er bemerkt, dass er anderen Frauen gegenüber offener wurde. Er konnte nicht sagen, was es war, was ihn offener werden ließ, aber er merkte, dass er die Aufmerksamkeit der Frauen zunehmend genoss.

Anstatt mit mir zu reden und zu klären, was ihm fehlt, schien es für ihn der einfachere Weg zu sein, sich auf diese Avancen einzulassen. Und ehe er sich versah, war er in diese lebenslustige Frau verliebt. Er hatte ihr wohl gleich von Anfang an gesagt, dass er keine feste Beziehung sucht und dass er in einer Beziehung lebt. Es tut weh zu hören, dass er sich bewusst dafür entschied, zweigleisig zu fahren. Sie hat das akzeptiert und sich gefügt. Jede Form des Zusammenseins mit meinem Mann schien für sie wohl besser zu sein als das, was sie zuvor hatte. „Was war sie für dich?“, frage ich ihn. Keine Frau fürs Leben, meint er. Aber mit ihr machte es einfach Spaß zusammen zu sein und sie strahlte eine hohe sexuelle Anziehungskraft aus. Sie tat ihm auf eine bestimmte Weise gut. Vermutlich war das auch der Grund, weswegen seine Trennungsversuche erfolglos blieben. Für ihn war sie wie eine Art Sucht. Er suchte Leichtigkeit und fand sie mit ihr. Und ihr war es am Ende lieber, nur die Geliebte zu sein, als ihn ganz zu verlieren. Ob da nicht der Respekt vor dieser Frau verlorengehe, frage ich ihn. Er denkt eine Weile nach und bejaht das. „Du hast sie benutzt“, stelle ich fest. Er ist empört. Ich gebe Ruhe und spüre fast so etwas wie Mitleid dieser Frau gegenüber. Aber nur fast.

„Wieso hast du dich nicht von mir getrennt?“, frage ich. „Weil ich dich trotz allem geliebt habe.” Schwer nachzuvollziehen. Ich habe mich, wenn ich jemanden kennen gelernt habe, immer recht schnell entschieden und meine bestehende Beziehung beendet. Zweigleisigkeit war noch nie mein Ding. Zu anstrengend. Zu weit weg von dem, was mir wichtig ist. Zu mies. Für meinen Mann wäre es ein Leichtes gewesen zu gehen. Wir haben keine gemeinsamen Kinder. Er hatte noch eine Wohnung bei seinen Eltern. Koffer packen und weg. Aus Bequemlichkeit sei er nicht geblieben, beteuert er. Die tiefe Verbundenheit, das Zusammengehörigkeitsgefühl und unsere

Gemeinsamkeiten waren es, die ihn hinderten, zu gehen. Ich erinnere mich, dass er mir in der Zeit immer wieder sagte, dass er mich liebe und mich vermisse. Das war ehrlich gemeint, meint er und schaut mich mit traurigen Augen an. Irgendwie ist das schwer zu glauben. Kann man die Person, die man betrügt, wirklich lieben?

Als ich ihn frage, ob er diese Frau geliebt hat, wurde er sehr deutlich: Nein. Es habe Momente gegeben, in denen er sich ihr ganz nah fühlte, aber Liebe sei das nie gewesen. Eher Verliebtheit. Für mich klingt das wie eine „Fickfreundschaft“. Man trifft sich, hat Spaß und geht wieder seiner Wege.

Wieso hat dir die eine nicht gereicht? Welche Rollen haben die anderen gespielt? Keine, meint er. „Dafür, dass dir keine etwas bedeutet hat, ging das alles aber ganz schön lange, findest du nicht auch?“, stelle ich fest. Er schweigt eine Weile. „Ich kann es mir nicht erklären“, höre ich ihn dann sagen. Vermutlich werde ich niemals eine Antwort darauf erhalten.

„Was bereust du am meisten?” frage ich ihn. Er denkt lange nach. Am meisten bereue er, dass wir es nicht hinbekommen haben, offen miteinander zu reden. Dass er es nicht hinbekommen hat, schiebt er nach. Er habe nicht gewusst, wie er das, was er da fühlte, in Worte packen sollte. Irgendwann sei es dann zu spät gewesen und er habe schon zu tief im Schlamassel gesteckt. Die Angst vor einer Trennung hatte ihn davon abgehalten, mit mir zu sprechen. Außerdem hätte ich den Braten wohl auch sofort gerochen und ihm alles aus der Nase gezogen. Ich weiß, was er meint. Ich will so etwas dann verstehen und hake nach. Wenn er mir gesagt hätte, er sei offen für andere, hätte ich nachgefragt.

Was heißt das, wie äußert sich das, was war bislang und, und, und.... Er weiß auch, dass ich es sehe, wenn er lügt. Also hat er lieber nichts gesagt, mit den Achseln gezuckt und so getan, als wisse er auch nicht, warum es gerade nicht so gut läuft. Ein Zwischentief eben. Das geht bestimmt vorbei. Ja, tut es. Mit etwas Unterhaltung in Form von anderen Frauen. Manchmal könnte ich ihm einfach nur den Hals umdrehen.

Dann sagt er nach langem Schweigen, dass er auch bereue, mir so viel Schmerz zugefügt zu haben. Ich zucke zusammen, als ich das höre und bestätige das nur. Das hast du. Mehr muss dazu nicht gesagt werden.

Erstaunt habe ihn, dass ich so emotional reagierte. Er hatte allen Ernstes geglaubt, dass ich mein Krönchen richte, den Staub abklopfe, ihn vor die Tür setze und zur Tagesordnung übergehe. Als würde man ein Projekt, das nicht so gut gelaufen ist, zum Abschluss bringen. Ihm sei nicht klar gewesen, wie sehr ich ihn liebe. Ich fasse nicht, was er da sagt. Entsprechend bleibt mir einfach nur die Spucke weg. Gedanklich werde ich zurückkatapultiert in die Zeit kurz nach unserer Trennung. Ich spüre wieder den Schmerz. Die Zentnerlast auf meiner Brust. Ich bekomme keine Luft mehr. Die Traurigkeit, ihn verloren zu haben. An eine andere. Seine Aussage „Ich liebe dich nicht mehr." Das Gefühl, aus einem Hochgeschwindigkeitszug gestoßen zu werden. Ich frage mich aber auch, warum er glaubt, ich würde ihn nicht lieben. Was habe ich getan oder eben auch nicht getan, um ihm dieses Gefühl zu geben?

Auch für ihn war und ist es ein steiniger Weg. Es war viel Leid. Für alle. Er hat sich belogen, mich belogen, seine Geliebten belogen, seine Familie und Freunde. Er hat seine Werte verraten und ist sich selbst fremd geworden. Irgendwann ist es dann egal, sagt er. Du steckst so tief drin, dass selbst das Lügen irgendwann immer leichter fällt. Auch weil du lügen musst, um das ganze Gerüst nicht zum Einsturz zu bringen. Ihm war immer bewusst, dass der Weg, den er eingeschlagen hatte, nicht richtig war. Er konnte aber keinen Ausweg mehr finden. Festzustellen, zu was für einem Menschen er geworden ist, schmerzt ihn sehr. Es ist ihm peinlich. Er schämt sich für das, was er getan hat. Entsprechend schwer ist es für ihn darüber zu reden, alles aufzuarbeiten. „So muss sich ein Hund fühlen, wenn man ihn in die eigene Scheiße drückt", sage er. Ich muss gestehen, dass ich mir das jetzt nicht vorstellen will, verstehe aber, was er meint.

Wenn ich emotional reagiere, fällt es ihm schwer, mit der Situation umzugehen. Was ihm aber hilft, ist meine analytische Seite. Dann kann er mit etwas Abstand darauf schauen. Viele Dinge kommen erst Stück für Stück ans Tageslicht. Er ist ein Meister des Verdrängens. So wie er den Urlaub mit der einen Frau verdrängt hat. Ich frage mich, wie man vergessen kann, dass man auf einer Tour eine andere Frau dabeihatte. Oder dass man sie zu den eigenen Eltern eingeladen hat. Diese Dreistigkeit muss man sich mal vorstellen. Die Affäre bei den Eltern. Manchmal wünsche ich mir, ich könnte das auch – verdrängen – und schaue ihn einfach nur fragend an. Wahnsinn.

Wenn er heute die Sache mit etwas Abstand betrachtet, bedauert er, diese Affären eingegangen zu sein. Manchmal beschleicht ihn ein schlechtes Gewissen den Frauen gegenüber. Aber nur manchmal. Die Frauen wussten, worauf sie sich einließen. Sie kannten das Risiko.

Was ihn ärgert: Bis auf eine Frau respektiert keine seinen Wunsch, den Kontakt einzustellen. Man würde sich doch so gut verstehen. Sie sei immer für ihn dagewesen. Warum die Freundschaft wegwerfen. Entsprechend wird jede Möglichkeit genutzt, sich wieder ins Gespräch zu bringen. Und er fällt immer wieder darauf rein, ist freundlich und bedankt sich für Geburtstags- oder Neujahrswünsche. Mittlerweile hat mein Mann die Dynamik dahinter erkannt. Mittlerweile geht es ihm auf die Nerven, dass er immer wieder darauf hinweisen muss, ihn doch endlich in Ruhe zu lassen. Blockiere sie doch, sage ich. Wozu, meint er. Warum können die Frauen nicht einfach respektieren, dass ich keinen Kontakt mehr möchte? Wo er recht hat, hat er recht.

Was ihm jedoch am meisten zu schaffen mache, sagt er, sei sein mieses Verhalten mir gegenüber. Das sei unverzeihlich. Allerdings, so wendet er ein, wären wir heute vermutlich nicht da, wo wir sind. Wir hätten niemals so intensive Gespräche geführt, über das was uns wichtig ist, über das, was wir brauchen und was wir uns wünschen. Er fühle sich mir jetzt so viel näher als vor dieser Zeit. Innerlich zucke ich zusammen und werde nachdenklich. Muss es denn immer erst zu einer Katastrophe kommen, damit man sich verändert?

Früher haben wir in Veränderungsprozessen von der „Burning Platform“[54] gesprochen. Heute verurteilt man dieses Bild, weil es nahelegt, dass Veränderung aus Angst heraus erfolgen soll. Aber ist die Motivation, die eine „Burning Platform“ auslöst, wirklich schiere Angst? Ist es nicht eher die Erkenntnis des Unausweichlichen? Die Einsicht, dass es so nicht mehr weitergeht?

Offensichtlich brauchten wir eine Eruption. Leider. Ich gebe es nur ungern zu. Mein Mann hätte im Leben nicht mit mir über diese Themen gesprochen. Nicht ohne diese, seine, unsere „Burning Platform“.

Vielleicht hätte ich einfach eine Auszeit von unserer Beziehung nehmen sollen, überlegt er laut. So wie du damals. Ich erinnere mich. Mir hatte diese Auszeit geholfen, weil mir klar wurde: Ohne ihn will ich nicht sein. „Ohne dich wollte ich auch nie sein”, lachte er leise. Ich frage mich, was daran so witzig sei und verstehe, was er meint, als er sagt: „Ich will nur noch mit dir zusammen sein.“

Wir sind wieder zusammen und auf einem guten Weg. Es gibt immer noch Zeiten, in denen ich ihm am liebsten den Hals umdrehen möchte. Es gibt aber auch Zeiten, da bin ich einfach nur dankbar. Dankbar dafür, dass wir trotz allem einen Weg zurück zu uns gefunden haben und jetzt in der Lage sind, zu reden. Dankbar dafür, dass unsere Kinder groß sind und ob der ganzen Sache nur mit den Augen gerollt haben. Dankbar, weil wir viele schöne Jahre hatten und hoffentlich noch haben werden. Dankbar, dass er nicht zufällig eine dieser Frauen geschwängert hat. Dankbar, dass es am Ende doch nur Affären waren. Am dankbarsten bin ich jedoch dafür, dass er es war, der fremdging und nicht ich.

Ich will und werde nicht verzeihen. Es bedarf auch keiner Entschuldigung. Wofür? Und was, bitte, sollte ich entschuldigen? Eine absurde Vorstellung. Ich lasse mich eher von diesem Grundsatz leiten: „Das Geheimnis von Transformation ist, alle Energie auf das Aufbauen des NEUEN zu fokussieren, anstatt das Alte zu bekämpfen.”[55]

Einfach ist das nicht. Da mein Mann immer noch viel unterwegs ist und, wie er sagt, viele hübsche und charmante Frauen trifft, muss ich einfach darauf bauen, dass er sich im Griff hat. Ob ich ihm vertraue? Nein. Tue ich nicht. Das war einmal. Ich übe mich in Selbstbeschwichtigung und hoffe, dass die Erinnerungen verblassen und durch neue Erfahrungen neues Vertrauen entsteht. Tempus fugit.

Mein Beitrag

BTRG

Wir sind zwar nicht verantwortlich für unsere Gefühle, sehr wohl aber für das, was wir mit unseren Gefühlen anstellen.

Jorge Bucay

Habe ich eine Mitschuld?

Kürzlich habe ich erfahren, dass die Geliebte meines Mannes entlassen wurde. Da die beiden durch ihren Job immer noch in Kontakt standen, war sie irgendwie immer präsent. Großartig, denke ich. Geschieht ihr recht. Ich muss gestehen, mein schlechtes Gewissen hielt sich in Grenzen, schließlich hatte die doofe Kuh auch nach dem Nein keine Ruhe gegeben. Vielleicht besteht jetzt die Hoffnung, dass es besser wird. In meiner verhaltenen Euphorie habe ich einer Freundin von der Kündigung der Dame erzählt, wozu sie lapidar meinte: „Es braucht immer zwei für eine Affäre!" Klar, die Trulla und meinen Kerl, denke ich. Aber irgendwie hatte ich das Gefühl, dass sie meinte, auch ich könnte meinen Teil dazu beigetragen haben. Ich merke, wie ich innerlich in den Widerstand gehe. Waaas? Ich? Niemals? Oder doch? Habe ich etwa eine Mitschuld? Was habe ich dazu beigetragen, dass er fremdging?

Eigentlich sind die Rollen beim Fremdgehen klar verteilt – und damit auch die Verantwortung. Da ist das Schwein, das fremdgegangen ist. Dann die Trulla, die Frau ohne Anstand, die sich in eine Beziehung hineindrängt und keinerlei Loyalität gegenüber anderen Frauen zeigt. Schlampe! Und da ist die arme betrogene Frau, die so gar nichts dafür kann. Wie immer kann in der Beschreibung das „sie" durch „er" ausgetauscht werden, oder jedes „er", jedes „sie" in welcher Form auch immer gemischt werden. Am Ende ist der betrogene Partner immer das Opfer, der Partner, der fremdgeht, das Schwein und wer auch immer der Dritte ist oder war, kann auch nicht viel besser sein. Wie so oft im Leben gibt es auch hier nicht die EINE Wahrheit. Von außen betrachtet kann man das Ganze auch anders sehen.

Der erste Gedanke, der den Menschen durch den Kopf geht, wenn sie von fremdgehenden Menschen hören, ist: In der Beziehung kann was nicht stimmen. Da muss der Wurm drin sein. Ganz bestimmt. In einer glücklichen Beziehung ist kein Platz für einen Dritten. Übrigens hat mein Mann genau das bestätigt. Viele Jahre war der Gedanke an eine andere Frau überhaupt kein Thema.

Eine Beziehung muss aber nicht immer schlecht laufen, damit einer der beiden ausbricht. Melanie Mittermaier berichtet auf ihrer Webseite, dass sie sich, obwohl in ihrer Beziehung alles bestens war, fremdverliebt hat. „Meine Ehe war wunderbar. Die neue Verliebtheit verwirrte mich zwar, änderte aber nichts an meinen Gefühlen. Im Gegenteil. Die Liebe zu meinem Mann wurde noch größer.“[56] Auch das ist möglich.

Allerdings scheint häufig wirklich der Wurm drin zu sein. Nur will „Frau“ das nicht hören. Die Schuld wird gerne bei der Geliebten gesucht. Sie hat ihn erobert, hat ihn verführt. Sie ist schuld. Schlampe. Biest. Dumme Kuh. Interessante Sichtweise. Die Affäre ist schuld, dass der eigene Partner fremdgeht. Wie schon in den ersten Kapiteln diskutiert, passiert es nicht einfach so. Wenn ein Partner fremdgegangen ist, dann gab es kurz zuvor immer diesen einen Moment, in dem er auch die Entscheidung zum Fremdgehen getroffen hat. Keine Handlung ohne Entscheidung. Fakt ist: der Kerl ist schuld. Aber wie sieht es mit mir aus?

Ich habe die Jahre Revue passieren lassen. In welchen Phasen lief es gut, in welchen weniger? Was war typisch für diese Phasen? Wie ging es mir? Wie ging es uns? Wie war der Sex? Wie die Kommunikation? An welcher Stelle war ich unaufmerksam?

An welchen Stellen war ich blind? Und siehe da, ich wurde fündig. Mein Job war megaanstrengend, weil wir mitten in einer großen Veränderung steckten. Schmerzlich wird mir bewusst, dass ich nicht in der Lage war, Urlaube so zu planen, dass wir mehr als fünf Tage am Stück verreisen konnten, obwohl es meinem Mann so wichtig war. Der Job und die Kinder kamen immer zuerst, egal was wir vorhatten. Sex war Pflicht, weniger Kür. Wenn ich es zusammenfassen müsste: Wir haben funktioniert, in einer To-do-Beziehung gelebt. Nebeneinander, aber nicht miteinander. Hinzu kam, dass ich immer darauf bedacht war und es immer noch bin, unabhängig zu sein. Vor allem finanziell. In dem, was ich tue, bin ich sehr erfolgreich, verdiene hervorragend und habe immer wieder betont, dass ich keinen Mann brauche, um zu (über)leben. Dann kam dazu, dass ich durch meinen Beruf ständig mit Menschen zusammen bin, die Fragen haben und Lösungen suchen. Nach Feierabend mag ich einfach nicht mehr so intensiv zuhören, analysieren und andere bei der Problemlösung unterstützen. Meine Energieschale ist am Ende des Tages oft leer. Einfach mal entspannt Small Talk zu betreiben, ohne jedes Wort vier Mal umzudrehen, das hat ja auch was.

Mein Mann hatte mir bei der Trennung gesagt, dass die andere Frau ihn sehen und sich ganz auf ihn einstellen würde. Tja, das mag sein. Zu der Zeit, als er mit der Frau anbandelte, war ich nicht nur gestresst und überarbeitet, ich war auch überfordert. Zu viele Baustellen. Zu viele Themen gleichzeitig. Zu vieles lief schief. Es war einfach alles zu viel. Ich hätte ihn gebraucht, habe sogar um Hilfe gebeten. Darauf angesprochen, sagte er, ich würde doch immer funktionieren, und wenn dann zwischendurch ganz kurz aufblitzen würde, dass ich Hilfe benötige, sei er überfordert.

Offensichtlich habe ich das gemacht, was ich am besten kann: Weiter funktioniert, mich um alles gekümmert, nur eben nicht um ihn und auch nicht um mich. Aber muss MANN in solch einer Situation gleich eine andere flachlegen? Wir sehnen uns alle nach einer erfüllten Partnerschaft, nach Verständnis und Anerkennung, die auch Erotik und Sexualität beinhaltet. Ich verstehe, dass mein Mann sich nach etwas anderem umsieht oder offen ist, wenn das nicht mehr gegeben ist. Ich erwarte aber, dass er mit mir spricht, bevor er zu neuen Ufern aufbricht. Unsere Bemühungen, die Beziehung zu verbessern, waren zum Scheitern verurteilt. Sein Fremdvögeln hat nicht nur jede Chance auf eine intensive Bindung untergraben, es erstickte auch jegliche Bemühung im Keim, etwas zu verbessern. Ich habe sicherlich meinen Beitrag geleistet. In keinem Fall aber legitimiert das das Fremdvögeln.

Würdest du sagen, du trägst eine Mitschuld? Und wenn du jetzt spontan antwortest, wie lautet deine Antwort später, nachdem du intensiver darüber nachgedacht hast?

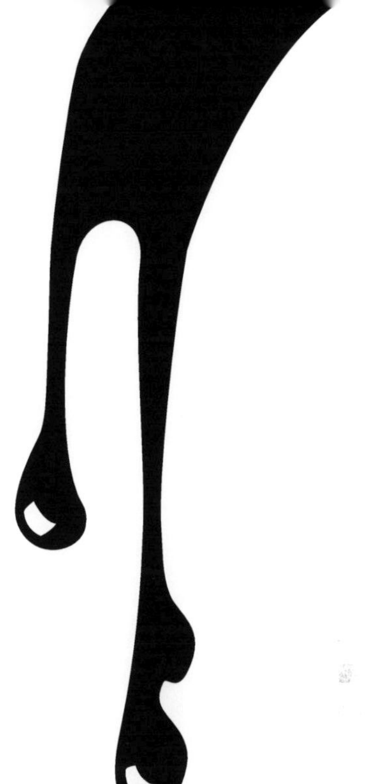

Wir sind
nicht nur
verantwortlich
für das,
was wir tun,
sondern auch
für das, was
wir nicht tun.

Molière

Feige Bande, allesamt!

Wie soll es weitergehen? Das ist immer die Frage, wenn aus einer Zweierbeziehung eine Dreier- oder Dreiecksbeziehung wird. Die Möglichkeiten sind ja vielfältig. Die Ursprungsbeziehung bleibt, die Affäre wird zur Beziehung oder alle Beteiligten sind am Ende allein. Doch wer trifft eigentlich die Entscheidung?

Mich hat völlig fertig gemacht, dass ich als Betrogene so gar keinen Einfluss hatte. Die beiden haben sich vergnügt, haben darüber gesprochen, wie es weitergehen kann, über eine mögliche Zukunft sinniert, die Beziehung beendet, wieder gestartet und über Unsicherheiten, schlechtes Gewissen und Verzweiflung gesprochen. Vielleicht wurde ich bei diesen Gesprächen als Störfaktor in der Planung berücksichtigt, vielleicht aber auch einfach nur übersehen. Keine Ahnung. Es gab Zeiten, da hatte ich das Gefühl, mich für unsere Beziehung abzustrampeln, ohne jemals Veränderungen zu sehen. Es wurde eher schlimmer als besser. Vermutlich ahnte ich, dass da eine andere ist. Ich erinnere mich, dass ich es mal angedeutet habe. Ich erinnere mich aber auch, dass er geschickt ablenkte und ich die Sache dann auf sich beruhen ließ. Als ich von der Affäre erfuhr, drängte sich mir ein Bild von zwei Menschen auf, die entspannt am Strand sitzen, Cocktails schlürfen und mich amüsiert beobachten, wie ich in einem Boot wild rudernd versuche vorwärtszukommen.

Ich höre förmlich meinen Sohn „Opfer" rufen. Und er hat recht. Statt mich auf den Rücken zu werfen und rumzujammern, hätte ich aktiv werden können. Ich hatte bezogen auf die Affäre zwar keine Möglichkeit mitzureden, aber ich hatte immer die Wahl, in der wenig zufriedenstellenden Beziehung zu verbleiben oder diese zu beenden. Es gab eine Situation, die mir noch sehr präsent ist. Ich fragte meinen Mann, warum wir uns nicht hier und jetzt trennen sollten.

Er schaute mich mit traurigen Augen an und meinte, dass er sich nicht trennen wolle. Er wollte, dass wir wieder zusammenfinden. Er wisse zwar nicht, woran es liege, aber er sei gewillt seinen Beitrag zu leisten. Zu dem Zeitpunkt hatte er zwei Frauen parallel am Start. Das vergaß er allerdings zu erwähnen. Wenn ich darüber nachdenke, geht mir nachträglich der Hut hoch. Heute frage ich mich, ob es besser gewesen wäre, an dem Tag mutig zu sein und Schluss zu machen. Warum habe ich ihn gefragt, ob Trennung nicht sinnvoller wäre? Ich hätte doch einfach sagen können, dass wir uns hier und jetzt trennen? Hätte, hätte, Fahrradkette.

Andererseits könnte ich aber auch fragen, warum er die Affären so lange hat laufen lassen? Warum hat er nicht Schluss gemacht? Warum hat er sich nicht entschieden?

Ich könnte ebenso gut fragen, warum die Frauen sich auf diese Affären einließen. Warum machen sie nicht Schluss, wenn es doch offensichtlich ist, dass er keine Entscheidung treffen will? Warum entscheiden sie nicht selbst?

Vermutlich, weil alle daran glauben, dass es sich schon irgendwie fügen wird. Die Geliebte klammert sich an die Hoffnung, dass er sich irgendwann für sie entscheidet. Ist doch das Zusammensein so einzigartig und wunderbar und die Beziehung zur Ehefrau/Partnerin so kompliziert und unbefriedigend. Der Fremdgänger will sich nicht entscheiden, weil er beides irgendwie genießt, der Sex mit der Geliebten ist berauschend, das Zusammensein unbeschwert und die Frau in der festen Beziehung ist irgendwie sein zu Hause, sicher und vertraut und auf eine bestimmte Art und Weise erhaltenswert.

Die betrogene Ehefrau/Partnerin weiß von all dem nichts und spürt nur, dass etwas nicht stimmt, sucht das Gespräch, ist ratlos oder ignorant und lässt es laufen. Zu oft gab es schon die eine oder andere Krise. Diese hier wird auch vorübergehen. Und so ziehen die Wochen, Monate oder gar Jahre ins Land, alle leiden auf ihre Weise und keiner tut etwas. Feige Bande. Oder etwa nicht? „Wir sind nicht nur verantwortlich für das, was wir tun, sondern auch für das, was wir nicht tun", sagte schon Molière. Aber wer müsste denn was tun?

Andrea Bräu, die in München als Einzel-, Paar- und Sexualtherapeutin arbeitet, ist der Ansicht, dass es in einer Dreieckssituation zunächst den Aktiven (der es tut) gibt, den Passiven (der meist nichts weiß) und den (un)sichtbaren Dritten. In einer Ménage-à-trois hat ihrer Meinung zufolge der Aktive bzw. der „Zerrissene" den größten Leidensdruck, muss er sich doch entscheiden zwischen der Sicherheit, die sein Zuhause ihm bietet und der Insel der Leidenschaft.[57]

Aber wie soll er entscheiden? Die Frage mutet fast an wie damals in der Sendung Herzblatt: „Ist es die Dame zu Ihrer Linken, die bereit ist für Sie Berge zu versetzen, mit der Sie viel lachen, tollen Sex haben und Alltagsprobleme nebensächlich sind oder doch die zu Ihrer Rechten, die Sie schon viele Jahre kennen, die erfolgreich und eloquent ist, sich auf jedem Parkett sicher bewegt und mit der Sie durch dick und dünn gegangen sind? Wählen Sie jetzt!"

„Die „Zerrissenen" haben den größten Leidensdruck, weil sie nach der perfekten Lösung suchen, und es diese nicht gibt", so Bräu. Da könnte man fast Mitleid bekommen. Das Problem ist nur, dass ich die Betrogene bin.

Wenn der Blödmann nicht so feige gewesen wäre, hätte das zumindest drei Menschen viel Schmerz erspart. Von meinem Kerl weiß ich, dass er häufig „Everybody‘s Darling“ sein will. Aber genau das geht eben nicht. Wer Beziehungen zu mehreren Frauen parallel laufen lässt, lässt es eben auch einfach nur laufen.

Was hätte er tun können? Er könnte sich entscheiden, die Beziehung zu der Geliebten von heute auf morgen abzubrechen. Das mag auf den ersten Blick eine probate Lösung sein. Aber was hat die Betrogene von einem Partner, der die Beziehung zu der Geliebten abbricht, obwohl er innerlich nicht dazu bereit ist? Seine Gefühle werden nach wie vor dort sein, und der Abbruch kann diese vielleicht sogar noch verstärken. Möglicherweise fühlt er sich der Geliebten gegenüber verpflichtet und macht sich Sorgen, weil es ihr mit seiner Entscheidung schlecht geht. Wer in solchen Situationen mit plötzlichem Beziehungsabbruch eine Lösung herbeiführen will, macht es sich nach Jellouschek zu einfach. Innerlich wird es für alle Beteiligten schlimmer sein als zuvor.[58]

Er könnte sich entscheiden, die Affäre weiterhin zu verschweigen und ein Doppelleben zu führen. Das Problem dabei ist, dass er vermutlich weder seiner Partnerin noch seiner Geliebten vollumfänglich gerecht wird. Nicht nur, weil er gedanklich an die eine denkt, wenn er bei der anderen ist, sie anruft oder ihr WhatsApp-Nachrichten schreibt, vielmehr plagt ihn auch das schlechte Gewissen der jeweils anderen gegenüber. Darüber hinaus fordert solch ein Doppelleben nicht nur großes Geschick im Lügen, Fremdgehen ist außerdem Dauerstress für den Körper, der gravierende Folgen haben kann. Er könnte sich aber auch entscheiden, alles zu beichten.

Wenn es jedoch lediglich ein Ausrutscher war und das Gespräch nur gesucht wird, um das schlechte Gewissen zu entlasten, geht das Ganze womöglich nach hinten los. Manchmal ist in so einem Fall Schweigen tatsächlich Gold.

Ein Kollege sagte einmal zu mir, dass „Nichts-Sagen“ eine Form von Kontrolle sei. Solange der Fremdgänger der Einzige ist, der Bescheid weiß, hält er die Zügel in der Hand. Sobald er sich in die Karten schauen lässt, beherrscht er die Situation nicht mehr. Weise gesprochen.

Während die Betrogene vermeintlich immer noch nichts weiß – zumindest nichts von der Affäre – könnte aber auch die Geliebte eine Entscheidung treffen. Sie könnte beispielsweise die Partnerin des Fremdgängers informieren. Eine betrogene Ehefrau sagte dazu: „Ich fand es gut, dass mich die Affären über das Treiben meines Exmannes informiert haben. Ich war einfach zu gutgläubig, um bemerken zu können, dass er mich betrügt. Die Affärenfrauen haben mir damit die Möglichkeit gegeben, mitzureden, was er mir verwehrt hatte. So konnte ich entscheiden, was ich mit der Situation mache: die Ehe öffnen, darauf bestehen, dass er die Affäre beendet oder mich von ihm trennen. Und die Affärenfrau würde so auch eine Entscheidung herbeiführen, die er ihr verweigert hat.“ Es gibt dazu aber auch gegenteilige Meinungen. „Wäre ich die Affäre, würde ich ganz dolle meine Füße stillhalten und bei mir bleiben. Wenn ich einen Konflikt austragen möchte, dann ausschließlich mit dem Mann selbst. Letzten Endes würde ich mir ja nur selbst schaden.“ Eine „Affärenfrau“ erzählte uns, dass sie irgendwann die Heimlichkeiten und den Betrug satt hatte, vor allem, weil sie auch mit der Frau ihres Liebhabers gut befreundet war.

Also informierte sie die Ehefrau über die Affäre. Damit fanden sowohl die Affäre als auch die Freundschaft zu der Ehefrau ein jähes Ende. Es wurde eine Entscheidung getroffen. Immerhin.

Die Geliebte könnte aber auch einfach einen Schlussstrich ziehen und die Beziehung beenden. Will sie oft aber nicht. „Sie sind oft gar nicht mehr fähig, aktiv zu handeln. Sie machen zu viele Handlungen und Gedanken unmittelbar von Ihrer Schattenbeziehung abhängig. Sie reagieren, statt zu agieren, sind in eine Parallelwelt gerutscht, in eine Seifenblase, in der es nur sie und ihre heimliche Liebe gibt.“[59] Die beste Lösung wäre natürlich die, sich erst gar nicht auf eine Beziehung einzulassen. Aber hinterher ist man meistens schlauer.

Die Betrogene weiß bis dato immer noch nichts. Der Mann schweigt, die Geliebte ebenfalls. Letzten Endes kann die Betrogene eine Entscheidung treffen, wenn sie der Ansicht ist, dass ihre Beziehung trotz aller Bemühungen nicht besser wird. Aber wirft man eine langjährige Beziehung so einfach weg? Eher nicht. Also harrt auch sie aus und wartet auf bessere Zeiten. Oder auf ein Wunder.

Irgendwie will also keiner eine Entscheidung treffen. Und wenn sie nicht gestorben sind, dann leben sie noch heute in ihrer Dreiecksbeziehung. Feige Bande, allesamt.

Wer müsste eigentlich die Entscheidung treffen, fragen wir uns immer? Und wann?

„Was denkst Du, was Erfolg ist?", fragte der Junge.
„Zu lieben", sagte der Maulwurf.

Charlie Mackesy

Work-Love-Balance

Nirgendwo macht man sich so unfreiwillig lächerlich wie auf der Jagd nach der Liebe, sagt Eckart von Hirschhausen. Denn das Ideal der Liebe behauptet: Es gibt für jeden Menschen auf der Welt genau einen richtigen Partner. Und der Realist denkt: Da muss sich ja nur einer den falschen nehmen, und dann geht es für alle nicht mehr auf.[60] Das klingt irgendwie vertraut.

Eckart von Hirschhausen, wer kennt ihn nicht. Legendär sein Auftritt, in dem er über Männer und Frauen spricht. Als sich mein Mann von mir trennte, schickten mir gleich mehrere Freunde dieses Video zu.[61] Sie schienen mich trösten zu wollen, aber tröstlich fand ich das nicht wirklich. Denn wieder einmal durfte ich mir anhören, dass für schlaue Frauen nur die dummen Männer übrigbleiben. Männer wollen keine Frau auf Augenhöhe und schon gar keine, die „die Hosen anhat". Aussagen und Fragen wie „Mal ehrlich, neben dir hat dein Mann doch gar keinen Platz" oder „Wie kommt dein Mann eigentlich damit klar, dass du so viel unterwegs bist", „Neben dir muss sich dein Mann doch klein fühlen", musste ich mir häufiger gefallen lassen. Ein Freund riet mir sogar, dass etwas weniger Kopf und Karriere der Beziehung gut getan hätte. Wieso das denn, frage ich mich und bin ratlos.

Ich habe lange überlegt, warum mir mein Job und meine Unabhängigkeit so wichtig sind. Die Antwort ist vielfältig. Ich habe großen Spaß daran, Dinge zu bewegen. Es bereitet mir Freude, Verantwortung zu übernehmen. Ich bin gut darin, Menschen in ihrer Weiterentwicklung zu unterstützen. Ich bin ehrgeizig. Ich verdiene gerne mein eigenes Geld und finde es aber auch großartig, wenn Menschen meine Fähigkeiten schätzen.

Es erfüllt mich mit Stolz, wenn ich am Ende des Jahres auf mein Schaffen schaue und feststelle, dass das, was ich mir vorgenommen habe, funktioniert. Ich arbeite sehr gerne und vermutlich auch zu viel.

Mein Mann hat mich oft gebeten, die Brückentage zu nutzen, damit wir mehr Zeit füreinander haben. Die Brückentage waren und sind für mich jedoch genau die Tage, an denen ich in Ruhe arbeiten kann, weil alle anderen Urlaub nehmen. Er hat mich auch gebeten, meinen Urlaub frühzeitig einzureichen. Die Erfahrung hat aber gezeigt, dass die beste Planung nicht hilft, wenn kurz vor Urlaubsbeginn klar wird, dass ich gebraucht werde. So häufig hat er mich gebeten, kürzer zu treten. Wir würden auch mit weniger Geld auskommen. Ja, das würden wir. Aber ich arbeite nicht für Geld. Ich arbeite, weil es mir Freude bereitet, weil es guttut, weil ich es will. Aber zu welchem Preis?

Es wird viel darüber philosophiert, warum und wieso es Karrierefrauen in der Liebe schwer haben. Einer der Gründe hat wohl mit dem traditionellen Rollenmodell zu tun, das sich viele Männer ebenso wünschen wie viele Frauen: Er verdient mehr als sie und er ist es, der die Familie versorgt und beschützt. Heißt, Männer fühlen sich häufig unwohl, wenn ihre Position und ihr Einkommen niedriger sind als das der Frau. Witzigerweise bestätigt das eine unserer Klientinnen. Sie hatte sich auf einer Dating-Plattform angemeldet und wurde von einem Verehrer nach ihrem Auto gefragt. Als er nach ihrer Antwort nicht reagierte, war klar, dass ihr Auto größer ist als seines. Das kam wohl nicht gut an. Der Typ hat sich nie wieder gemeldet.

Die Psychologen Kate Ratliff (Universität von Florida) und Shigehiro Oishi (Universität von Virginia) sind diesem Phänomen nachgegangen. In fünf Experimenten fragten sie zuerst knapp 900 Paare, wie glücklich und zufrieden sie in ihrer Beziehung waren. Dann konfrontierten die Forscher sie mit unterschiedlichen Situationen. Es sollten verschiedene Aufgaben gelöst werden. Mal erfuhren die Teilnehmer danach, dass ihr Partner bei derselben Aufgabe in der Spitzengruppe gelandet war. Mal hatte man ihnen gesagt, ihr Herzblatt sei in der Schlussgruppe gelandet. Mal sollten sie sich an eine Situation zurückerinnern, in der ihr Partner Erfolg gehabt oder versagt hatte. Im Anschluss wollten Ratliff und Oishi wissen, wie sich die Freiwilligen fühlten. Das Ergebnis war eindeutig. Egal ob es um akademische oder private Erfolge ging: Die Männer fühlten sich angesichts der Erfolge ihrer Partnerinnen unterbewusst weniger selbstbewusst – unabhängig von ihren eigenen Leistungen. Sie waren sogar unzufriedener mit der Beziehung. Völlig anders reagierten die Frauen. Ihrem Selbstbewusstsein konnte der Triumph ihres Mannes nichts anhaben. Mehr noch: Sie waren dann sogar glücklicher mit der Beziehung. Aber warum leidet das männliche Ego unter dem Erfolg der Frauen?

Ratliff hat dafür drei Erklärungen. Erstens seien Männer tendenziell stärker auf Konkurrenz ausgerichtet als Frauen. Deshalb fühlten sie sich durch einen Erfolg ihrer Partnerin stärker bedroht. Zweitens glaubten sie weiterhin, dass Männer sich vor allem über Stärke, Kompetenz und Überlegenheit definieren – und wenn sie weniger leisteten, litt ihr Selbstbild. Und drittens befürchteten Männer, dass sie als Partner weniger attraktiv wirken, wenn sie Schwäche zeigen.

Die Studie legt also nahe: Trotz Emanzipation und Gleichberechtigung sind es weiterhin vor allem die Frauen, die sich am Ruhm des anderen erfreuen – doch andersherum gilt das nicht. Der Clou: „Erfolgreiche Frauen bedrohen nicht nur das Ego ihres Partners", sagt Ratliff, „sondern auch dessen Bild von der Beziehung."[62]

Heißt, ich bin schuld. Ist klar.

Work-Love-Balance. Das ist für mich seit jeher die größte Herausforderung und scheint zu einer Lebensaufgabe zu werden. Wie schaffe ich es, das richtige Maß zu finden, in dem, was mir im Leben wichtig ist: ich selbst mit meinen Bedürfnissen, wir als Paar, wir als Familie, Freunde, …?

Wir arbeiten in unseren Coachings häufig mit einem Ressourcenmodell, bei dem wir die Coachees bitten, ihre Ressourcen (die Anzahl ist vorgegeben) auf die verschiedenen Lebensbereiche aufzuteilen. Es ist immer spannend zu sehen, wie viele Ressourcen welchen Bereichen zugeordnet werden und wie der Entscheidungsprozess aussieht. Im zweiten Schritt werden die Coachees aufgefordert, eine vorgegebene Anzahl Ressourcen wegzunehmen. Interessant ist dann, in welchen Lebensbereichen die Ressourcen eingespart werden und wie schnell oder langsam diese Entscheidung getroffen wird.

Für mich war der Bereich „Job" bislang immer unantastbar. Aber was soll daran falsch sein? Ich verstehe das Problem noch immer nicht. Ja, die meisten Männer sehnen sich nach einer Frau, die ihnen Zuwendung, Zärtlichkeit und Wärme schenkt. Eine Frau, die ihre Empfänglichkeit und Hingabe zeigen kann. Die da ist, wenn er sie braucht, ihn sieht und wertschätzt.

Gilt das nicht genauso auch andersherum? Und warum steht das bei Männern dann offenbar nicht im Widerspruch zu ihrem Erfolg bzw. ihrer Unabhängigkeit? Auch emanzipierte Frauen tragen weiche Seiten in sich, suchen eine starke Schulter zum Anlehnen und sehnen sich danach, sich fallen lassen zu können. Vielleicht strahlen sie auf den ersten Blick etwas anderes aus, aber gerade der Partner sollte es eigentlich besser wissen. Denn bei ihm darf sich diese Seite uneingeschränkt zeigen.

Eine andere These lautet, dass es gerade solchen Frauen einfach sehr schwer falle, Hilfe anzunehmen oder um Hilfe zu bitten. Das sei, wie Gary Chapman sagen würde, einfach nicht ihre „Sprache der Liebe". Sie könnten nicht klar genug formulieren, welche Art von Unterstützung sie brauchten, sondern würden erwarten, dass der andere sehen müsse, dass sie am Limit seien und sie entsprechend nach Kräften unterstützen sollten. Der Partner aber verstehe die Signale einfach nicht. Ich erinnere mich, wie meine Freundin, eine selbstbewusste Frau, die eigentlich mit beiden Beinen voll im Leben steht, nach der Trennung von ihrem langjährigen Partner wie ein Häufchen Elend vor mir saß. Unter Tränen sagte sie: „Als ich ihn am meisten gebraucht hätte, ist er fremdgegangen. Ich habe ihm sogar gesagt, dass ich ihn brauche, und er hat mich nur mit großen Augen angeschaut. Jetzt wirft er mir vor, ich würde nie um Hilfe fragen. Du strahlst das einfach nicht aus, sagt er. Es ist wie ein Teufelskreis. Irgendwie scheint jeder zu glauben, ich pack das alles schon. Wenn ich um Hilfe bitte, rennen alle weg, wie Kakerlaken, wenn das Licht angeht. Ich habe den Eindruck, keiner kann sich wirklich vorstellen, dass ich auch mal nicht mehr kann und Hilfe brauche. Soll ich darum betteln? An welcher Stelle kommuniziere ich denn nicht richtig?"

Eine andere Freundin fühlte sich in der Zeit ihrer Wechseljahre von ihrem Partner total missverstanden. Immer war sie mit Volldampf unterwegs gewesen, nichts konnte sie aufhalten. Als die hormonelle Umstellung zuschlug, warf sie das total aus der Bahn: keine Energie mehr, emotionale Verstimmungen wie im schlimmsten Baby-Blues, kein Bock auf Sex – eigentlich kein Bock auf nix. Ihr Partner war damit offenbar völlig überfordert. Für ihn war es nicht vorstellbar, dass aus dieser energiegeladenen Frau plötzlich die Luft raus war. Er tat das alles ab, was sie sehr verletzte. Sie sagte mal: „Es war die Zeit, in der ich ihn am meisten gebraucht hätte, und zwar vor allem in der Weise, dass er mich nimmt, wie ich eben gerade bin."

Unterm Strich kommen wir mehr und mehr zu der Überzeugung, dass wir einfach nicht aus unserer Haut können, wenn es um gewisse Eigenschaften und Präferenzen geht. Wenn wir in unserem Leben vernachlässigen, wofür wir brennen, was wir leidenschaftlich gern tun, was uns erfüllt und unserem Leben Sinn gibt, dann verbiegen wir uns. Tun wir das, um einem anderen Menschen gefällig zu sein, entsteht ein Ungleichgewicht in der Beziehung. Man fängt an, den Verzicht in anderen Bereichen aufzuwiegen und einen Ausgleich zu erwarten. Ich finde, das ist der Anfang vom Ende jeder tragfähigen Beziehung, die auf Freiwilligkeit beruhen sollte. Glücklicherweise ist das Leben nicht nur schwarz oder weiß. Unser tiefes Bedürfnis, neben Selbstverwirklichung auch starke Verbindungen zu anderen Menschen einzugehen und Zugehörigkeit und Geborgenheit zu finden, hilft uns dabei, Kompromisse einzugehen. Eine gute Kommunikation vorausgesetzt :-)

Wie sieht deine Work-Love-Balance aus?

Reaktione aus dem Umfeld

RATSCHLÄGE

Hinter den schönsten Gardinen lauern die dicksten Tränen.

Susen Stanberger, Zeitwertverlag

Bei euch hätte ich das nicht gedacht

So einen Mann wie meinen Papa möchte ich auch mal heiraten. Ich erinnere mich noch gut daran, als ich das zu meiner Mutter sagte. Mein Vater war und ist mein großes Vorbild. Ebenso auch meine Eltern als Paar. Ich habe sie immer als Einheit erlebt. So einen Mann wollte ich später unbedingt auch mal haben. Die Antwort meiner Mutter lautete: „Dann musst du aber auch wie ich sein." Ich habe lange gebraucht, um zu verstehen, was sie damit meinte. Wenn Paare ewig zusammen sind und eine Einheit bilden, dann ist es nicht damit getan, einfach zusammen zu sein. Irgendwie muss es passen und irgendwie ist es auch Arbeit.

Als ich meinen Mann kennenlernte, war es Liebe auf den ersten Blick. Ich war mir sicher, das ist er. Und er war es auch. Wir waren ein cooles Paar. Viele unserer Freunde haben uns als Traumpaar bezeichnet, eine Bilderbuchfamilie, was auch immer das heißen mag. Wenn wir unterwegs waren und gesehen haben, wie andere Paare miteinander umgingen, sind wir in dem Wissen, dass wir es anders machen, glücklich und zufrieden nach Hause gefahren. Bei uns stimmte es einfach in jedem Lebensbereich. Wir gehen anders miteinander um. Harmonisch, sagt man. Liebevoll. Wertschätzend.

Tja, und dann bricht alles zusammen. Von heute auf morgen. Nicht nur ich war wie vom Donner gerührt. Auch das Umfeld. Denn irgendwann kommt der Moment, da musst du mit anderen darüber sprechen. Darüber, dass dein Mann dich wegen einer anderen verlassen hat. Dass das, was du selbst nie für möglich gehalten hättest, tatsächlich passiert ist. Es ist deshalb ein so grauenvoller Moment, weil das, was du bis dahin immer noch nicht wahrhaben wolltest, plötzlich Realität wird. Darüber zu reden macht es wirklich und begreifbar.

Meine erste Anlaufstelle war meine Mutter, das weiß ich noch wie heute. Ich habe sie gefragt, ob sie sitzt. Besser war das für die Nachricht, die ich ihr überbringen wollte. Nachdem das geklärt war, krochen die Worte mühsam aus mir heraus: Wir.........trennen........uns!

Was für ein Schock war das, für sie ebenso wie für mich. Stille am anderen Ende, dann die Vergewisserung, ob das tatsächlich stimme, was sich wie eine Art Überbrückungsmusik anhörte. „Ich habe es irgendwie kommen sehen", sagte sie dann, als eine der ganz wenigen Menschen in meinem Umfeld. Und ich fragte mich, warum sie denn in all den Jahren nichts gesagt hatte. Und musste mir bei diesem Gedanken eingestehen: das hatte sie, mehrfach. Sie sagte immer wieder Dinge wie: „Arbeite nicht so viel, ihr habt doch kaum noch Zeit.“ und „Die Kinder, das große Haus, ihr beide arbeitet... ich mache mir Sorgen, dass euch das alles zu viel wird." oder „Ihr braucht auch mal etwas Zeit für euch." Ich erinnere mich an die Gespräche mit ihr und den Widerstand, die solche Sätze in mir auslösten. Ist eben gerade so, was soll ich denn machen? Mein Job lässt sich einfach nicht so leicht mit Familie vereinbaren. Soll ich etwa meinen Job kündigen, mit den Kindern zu Hause sitzen und darauf warten, dass mein Mann irgendwann nach Hause kommt? Willst du, die ihr Leben lang berufstätig war, mir ernsthaft vorschlagen, mich von einem Mann abhängig zu machen?, dachte ich dann.

Dass diese Sätze einfach nur ein gut gemeinter Rat und Zeichen echter Sorge waren, auf diese Idee bin ich damals nicht gekommen. Zumindest war ich auf dem Ohr taub. Schließlich habe ich selbst ja nie für möglich gehalten, dass das, was ich für eine „vorübergehende schwierige Phase" der Beziehung hielt, letztlich der Anfang vom Ende sein würde.

Damit konnte ich mich gut zu denjenigen aus meinem Freundes- und Bekanntenkreis gesellen, die auf die Nachricht völlig entsetzt mit "WAAAAS, IHR??? Echt jetzt? Das hätten wir nie im Leben gedacht..." reagierten.

Einer guten Freundin erging es ähnlich. Ihr Mann hatte sie mehrere Jahre lang mit verschiedenen Frauen betrogen. Als das ans Licht kam, war das Umfeld mehr als geschockt. Ähnlich wie bei uns war das "WAAAAS, IHR??? Echt jetzt?" mehrfach zu hören.

Wir haben überlegt, woran das wohl liegen könnte, dass unser Umfeld so erstaunt war. Warum gerade wir aus der Perspektive unserer Freunde eine Traumbeziehung geführt hatten? Vermutlich hat unser Umfeld uns um etwas beneidet, was sie in ihrer Beziehung schmerzlich vermissten. Vertrauen, Nähe, Kommunikation. Wie sehr man sich doch täuschen kann.

Als klar war, dass mein Mann ein neues Leben mit einer anderen Frau beginnen würde und der Mann meiner Freundin fremdgegangen war, stellten sie dann doch Fragen. So ganz hatten sie dem Braten nie getraut. Wie sollte das auch funktionieren, wo wir doch alle so wenig Zeit füreinander hatten. Und gerade in der Branche des Mannes meiner Freundin nahm man es mit der Treue doch sowieso nicht so genau. War also absehbar. Sie sollten recht behalten. Hinterher ist man immer schlauer.

Wir haben uns später oft gefragt, woran wir festmachen, ob und wann wir eine Trennung für möglich halten oder nicht. Wie viel Einblick haben wir von außen wirklich in eine fremde Beziehung, um das auch nur ansatzweise beurteilen zu können?

Welche Schubladen machen wir da auf und welche Maßstäbe legen wir an? Sicher sind wir stark von dem geprägt, was wir als Kinder in Sachen (Liebes-)Beziehung erlebt haben. Was haben uns unsere Großeltern, Eltern und Freunde vorgelebt? Wie sind diese Menschen miteinander umgegangen und welche Unterschiede haben wir zu anderen Beziehungen wahrgenommen, die wir in Frage gestellt haben?

Auch Medien prägen unsere Vorstellung von einer intakten Beziehung, heute mehr denn je und das nicht immer im positiven Sinne. Durch die Schaufenster der sozialen Medien schauen wir in die scheinbar perfekte Welt unserer „Freunde" und Follower und lassen uns davon beeinflussen. Superlative, wohin das Auge reicht, auch in Sachen Beziehung ist alles großartig, emotional, zum Niederknien toll. Eben bestens geeignet und aufpoliert für die Jagd nach Likes und neuen Followern. Und außerdem: was sollen denn sonst die Leute denken!!! So formt sich Stück für Stück, wenn auch oft unbewusst, eine völlig realitätsfremde Vorstellung davon, wie Beziehung, Sexualität und Freundschaft zu sein haben oder, schlimmer noch, angeblich normal sind. Die Erkenntnis, dass das eigene (Er-)Leben diesem hohen Maßstab nicht standhält, kann bitter sein, einsam und langfristig bindungsunfähig machen. Mit Blick auf meine Kinder betrachte ich diese Entwicklung mit großer Sorge.

Interessant war aber auch, dass wir in den Gesprächen mit unseren Freunden eher Enttäuschung und Traurigkeit herausgehört haben, weniger Häme und Boshaftigkeit. Wenn Paare, mit denen man gut befreundet ist, sich trennen, verliert man oft eben auch Freunde. Vielleicht ist die Traurigkeit über das Scheitern unserer Beziehung eine Trauer um den Verlust von Freunden.

Eine meiner besten Freundinnen, auch mit meinem Mann sehr gut befreundet, sagte so oft: „Ich würde ihn gern einfach schütteln, damit er wieder aufwacht. Er kann doch nicht einfach gehen und all das hier so sang- und klanglos zurücklassen. Seine Kinder, seine Frau, uns." Ich tröstete sie dann: „Glaub mir, er kann das alles gerade nicht sehen. Vielleicht irgendwann wieder." So war es auch.

Vielleicht entsprang die Traurigkeit aber auch eher der Enttäuschung. Wenn nicht einmal wir es geschafft hatten miteinander glücklich zu sein, obwohl wir doch aus ihrer Sicht alle Voraussetzungen erfüllten, wer sollte es denn dann schaffen? Gute Frage. Manche Fragen bleiben unbeantwortet. Ich hätte von uns auch nicht geglaubt, dass wir zu den Paaren gehören, die sich belügen und betrügen. Ich kann es bis heute nicht.

Vielleicht lässt sich aus einer größeren Distanz tatsächlich eher etwas vorausahnen. Denken wir an Mark Zuckerberg, der angeblich dank der Auswertung unserer Kommunikationsmuster auf Facebook, Instagram und WhatsApp theoretisch schon Monate vor uns weiß, dass unsere Beziehung zerbrechen wird. Womöglich sind diese Medien für die Zukunft in diesem Zusammenhang sogar hilfreich, vor allem, wenn wir im Laufe einer langjährigen Beziehung und in unmittelbarer Nähe verlernt haben, aufeinander zu achten und einander wirklich zuzuhören?

Der Kluge gibt keinen unerbetenen Ratschlag, der Weise nicht einmal den erbetenen.

Louis Pasteur

Gut, dass du weißt, was das Beste für mich ist

„Boa, schieß den Typen in den Wind“, „Was für ein Arschloch, der hat dich doch gar nicht verdient“, „Also, ich könnte nicht mehr mit sooo einem zusammen sein“, „Wo bleibt dein Stolz?“ Ich habe echt viele Ratschläge erhalten. Jeder wusste, was gut für mich ist. Ätzend. Manche haben sogar zu einer Form von Rache geraten: Was der kann, kannst du schon lange. Andere erklären mir dogmatisch: Das muss sofort aufhören und das darf nie wieder passieren. Schön war auch der Rat, dass ich bestimmt bald einen Neuen finden werde.

Ungefragt beraten zu werden ist so anstrengend. Trotzdem habe ich mich brav mit all den lieb gemeinten Ratschlägen auseinandergesetzt. Die Menschen meinen es ja nur gut. Obwohl mich häufig das Gefühl beschlich, dass wir gar nicht mehr über mich, sondern über diejenigen sprachen, die mir die guten Tipps gaben.

Enttäuschend fand ich die Neugierigen, die sich unter dem Vorwand anboten: „Wenn du mal jemanden zum Reden brauchst, ich bin da...” und sich dann als Tratschtanten erwiesen, die nur auf der Jagd nach dem neuesten Klatsch waren. Oder, schlimmer noch, die als Dank für ihre Hilfeleistung erwarteten, dass sie als erstes von etwaigen Neuigkeiten erfahren würden und sauer waren, wenn man diesen Wunsch nicht erfüllte.

Gut gemeinte Ratschläge sind ja manchmal auch recht hilfreich. Angenommen, ich will auf einen Parkplatz fahren und jemand – egal wer das ist – sagt mir, dass der Parkplatz voll und ein weiterer nur einen Kilometer entfernt ist, dann bin ich dankbar. Wenn mir aber jemand sagt, dass mein Mann ein Idiot sei, mich gar nicht verdiene und ich ihn so schnell wie möglich vergessen solle, dann schalte ich sofort auf Angriff und spüre Wut in mir aufsteigen.

Egal, wie recht diese Person hat, ich werde sofort zur Anwältin des vermeintlichen Idioten und verteidige ihn. Wenn hier jemand schlecht über meinen Mann reden darf, dann bin das ja wohl ich, sonst niemand.

Immer wieder habe ich mich in Situationen wiedergefunden, in denen Freunde von mir erwarteten, dass ich mit ihnen „ablästere". Das konnte und wollte ich aber nicht. Schließlich habe ich diesen Mann geliebt und liebe ihn immer noch. Fakt ist aber, er ist ein Arschloch. Also, warum lästere ich nicht einfach mit? Und warum reagieren wir so gereizt auf ungebetene Ratschläge? Warum nehmen wir sie nicht einfach als das an, was sie oft sind – als Ausdruck echter Besorgnis und Hilfsbereitschaft?

Peter Gray[63] ist dem Thema „Ungebetene Ratschläge: Ich hasse sie, Sie hassen sie, Ihren Kindern geht es genauso" nachgegangen. Er ist der Ansicht, dass wir unsere persönliche Freiheit beschützen wollen. Aus guten evolutionstechnischen Gründen liegt es wohl in der menschlichen Natur, nach Freiheit zu streben. Wir lehnen Kontrolle durch andere Menschen ab. Dabei ist es egal, wie alt wir sind und wer die Kontrolle ausüben will. Ungebetene Ratschläge von Menschen, die wir lieben, können besonders bedrohlich sein, weil wir den starken Wunsch haben, es diesen Menschen recht zu machen. Gleichzeitig wollen wir die Ratschläge aber nicht befolgen, weil wir unsere Autonomie bewahren wollen.[64] Das geht sogar so weit, dass wir gerade die Ratschläge uns nahestehender Menschen nicht befolgen, denn wenn wir sie befolgten, würden wir uns unterordnen, und das darf auf keinen Fall passieren. In uns entsteht ein innerer Konflikt zwischen „gefallen wollen" (wir schätzen den Menschen ja) und „lass mich, ich bin selber groß" (wir lieben unsere Freiheit), was dazu führt, dass wir eine Form von Ohnmacht erleben, frustriert sind, weil wir dieses Dilemma nicht auflösen können, und am Ende wütend werden und den wohlmeinenden Ratgeber anpflaumen. Der wiederum fühlt sich schlecht behandelt („Ich hab's doch nur gut gemeint"), schmollt oder pflaumt zurück. Na toll.

In unserer Beraterpraxis erleben wir häufig ähnliches. Da kommt ein Mensch mit einer Frage zu einem anderen Menschen oder gar einer Gruppe von Menschen. Es scheint in der Natur der Sache zu liegen, dass die Befragten selbstverständlich gerne helfen. Mit guten Ideen und Ratschlägen versteht sich. Immer wieder fragen wir dann in die Runde, ob das, was da gerade passiert, für denjenigen, der die Frage gestellt hat, hilfreich ist. In den meisten Fällen ist es das nicht. Im Gegenteil. Was dazu führt, dass alle Beteiligten am Ende frustriert sind.

Was aber wäre denn hilfreich? Du kennst sicher folgende Situation? Zwei Menschen sitzen zusammen und unterhalten sich. Der eine Mensch erzählt dem anderen von einem Problem. Noch während der Mensch mit dem Problem dieses in den schillerndsten Farben ausführt, fängt der andere plötzlich an, Tipps zu geben, wie man das eine oder andere angehen könnte. Beim ersten Mal wird dieser gute Tipp noch freundlich aufgenommen: „Danke, aber nein danke, das habe man schon probiert." Beim zweiten Mal ist die Reaktion vermutlich schon weniger freundlich und spätestens beim dritten Mal wird der vermeintliche Retter angeschnauzt, man möge ihn doch ausreden lassen. Hör. Einfach. Nur. Zu. Der angeschnauzte Mensch schaut verdattert, versteht die Welt nicht mehr und fragt sich, was er falsch gemacht haben könnte, wo er doch nur helfen wollte.

Wenn wir eine Frage stellen, tun wir das normalerweise mit einer bestimmten Absicht. Wir suchen nach einer Antwort oder Lösung. Die Frage ist, wofür genau? Manchmal haben wir die Lösung schon im Kopf und wollen dafür nur noch eine Bestätigung oder eine zweite Meinung hören. Manchmal haben wir eine Idee, wie wir es machen könnten, sind aber dankbar für weitere Ideen, um dann wählen zu können. Und manchmal haben wir keinen blassen Schimmer, wie wir das Problem angehen können und freuen uns über jeden neuen Impuls. Je nachdem, was wir suchen, ist unser Gegenüber anders gefordert. Es wäre deshalb hilfreich, wenn der Fragesteller uns sagt, in welcher Rolle wir zuhören sollen: Erwartet er eine zweite Meinung, weitere Ideen oder einen neuen Impuls? Die Wahrscheinlichkeit, es intuitiv richtig zu machen, ist aus unserer Erfahrung eher gering. Im schlimmsten Fall werden die wohlwollenden Zuhörer, die gerade ihre wertvolle Zeit opfern, zum Dank angeschnauzt, weil das, was sie gerade tun, so gar nicht hilfreich ist.

Rat zu erhalten, ist etwas Großartiges. Ungebetene Ratschläge zu erhalten, kann jedoch unglaublich lästig sein. Vor allem dann, wenn es nicht als eigene Sichtweise auf die Dinge geäußert, sondern als der Weisheit letzter Schluss verkauft wird. Wir wollen so gerne helfen, aber manch einem will einfach nicht geholfen werden. In dem Fall: Einfach mal die Klappe halten.

Lieber glücklich allein als unglücklich zu zweit

Einsam in der Zweisamkeit. Viele der Frauen, mit denen wir sprachen, waren, rückblickend betrachtet, einsam in ihrer Beziehung. Wieso fällt das erst jetzt auf, fragen wir uns? Ist FRAU so abgelenkt durch alles Mögliche, dass sie die Einsamkeit nicht wahrnimmt?

Oder handelt es sich nur um eine Phase, wie man so schön sagt? Was bringt Menschen dazu eine Beziehung zu führen, die nicht erfüllend ist? Warum tut man sich das an? Wieso muss es überhaupt so weit kommen? Wir haben darauf auch keine Antwort. Leider. Aber wir haben Frauen getroffen, die eine Meinung dazu haben. Eine Nachbarin beispielsweise, verheiratet, glücklich mit ihrem Mann, beide liebende Eltern zweier wunderbarer Kinder und beide beruflich erfolgreich, eine Bilderbuchfamilie quasi, lässt uns wissen, dass sie sich niemals von ihrem Mann abhängig machen würde. Getrennte Konten, eigener Freundeskreis, Unabhängigkeit. Aha. Und was sagt er dazu? Er findet das gut. Bestätigt er uns auch. Hm. Wo ist der Haken? Der Haken ist, die beiden müssen echt viel reden. Über das, was sie wollen, was sie brauchen und über das, was sie nicht wollen und auch nicht brauchen. Klingt anstrengend. Lohnt sich aber, sagt die Nachbarin. Und bist du nicht einsam? Nö, so wie es ist, ist es großartig. Wir wissen, was wir haben und schätzen das auch.

Das klingt spannend. So kann es gehen. Aber das dürfte nicht für jeden das richtige Modell sein. Jedes Paar lebt sein WIR anders. Und wenn das WIR irgendwann auseinanderdriftet und nur noch ein DU und ein ICH ist, fühlt sich das einsam an. Eine Kollegin von uns ist da sehr kompromisslos: Einsamkeit in der Zweisamkeit? So weit lasse ich es erst gar nicht kommen. Bevor ich in einer Beziehung unglücklich bin, bleibe ich lieber allein. Ich brauche niemanden, um glücklich zu sein. Erstaunt blicken wir sie an.

Investierst du denn in eine Beziehung? Ja, bis zu einer gewissen Grenze schon, sagt sie. Wo ist diese Grenze, haken wir nach. Das kommt darauf an. Für uns klingt es eher nach Selbstschutz und großer Vorsicht. Stimmt, meint sie, aber den Preis bezahle ich gerne. Und dann erzählt sie uns live und in Farbe von zwei Erlebnissen aus ihrer „Übeltäter-Pflegestation“:

Gerade rief ein alter Freund an und fragte, ob er mich einige Tage besuchen könne. Ich freue mich immer über seinen Besuch, dieser wäre allerdings sehr überraschend. Sofort merke ich, dass etwas nicht stimmt. Tatsächlich: Er hat einen Riesenfehler begangen. Er hat es richtig verbockt. Er hat sich von seiner Frau getrennt, weil er der Meinung war, dass die andere Frau genau die Richtige für ihn sei. Nach zwei Tagen bei ihr und ihrer Familie ist ihm klar, dass das überhaupt nicht geht. Er muss da weg. Ich bin überrascht. Bis zu diesem Zeitpunkt dachte ich immer, er und seine Frau seien ein Herz und eine Seele, auch wenn sie sehr unterschiedlich sind. Eine Trennung kam mir nie in den Sinn. Umso mehr tut es mir leid, dass ich ihn nicht sofort aufnehmen kann. Es hat sich schon ein anderer „Pflegefall” bei mir angemeldet. Dieser hat nach zwanzig Jahren Ehe seine Frau verlassen. Die ersten zehn Ehejahre waren super, dann fing es an zu bröckeln und die letzten sechs Jahre waren die Hölle. Er weiß, dass er nach seinem Fremdgehen vor sechs Jahren die Ehe sofort hätte beenden müssen. Aber sie wollten einen Neuanfang wagen. Die Kinder, das Geschäft, und eigentlich liebt man sich ja. Es wurde eine Zeit voller Höhen und noch mehr Tiefen. Neuanfang heißt doch neu anfangen? Sicherlich ist das, was war, nicht vergessen, aber sollte man nicht nach vorne schauen? Verstehe ich da etwas falsch? Sechs Jahre ständiger Vorhaltungen zum Fehltritt von damals, sechs Jahre ständiger Überlegungen, wie er ihr alles recht machen könnte.

Irgendwann muss es gut sein. Wie hält man das sonst aus? Und warum hält man das aus?

Beide Geschichten – zumal sie sich zeitgleich ereignet haben – machen mich sehr nachdenklich. Das wäre nichts für mich. Gut, dass ich solche Probleme nicht habe. Ich bin schon seit Jahren Single, und das ist gut so. Wenn ich dann solche Geschichten miterlebe, bin ich doch lieber allein, ohne die Probleme, die ich zu zweit hätte. Aber auch ohne die Freuden, die ich zu zweit hätte. Das ist der Preis.

Ich kenne natürlich in beiden Fällen nur „seine" Version der Geschichte und weiß, dass immer zwei dazu gehören. Ich weiß auch, dass die erste Ehe des zweiten Pflegefalls nach nur sechs Monaten wieder vorbei war, weil er genau diese Frau getroffen hatte. Die Frau seines Lebens. Könnte mir so etwas auch passieren? Nein, wahrscheinlich nicht. Solche Gefühlsverwirrungen ohne jeglichen Realitätscheck sind mir unbekannt.

Am Tag darauf sagt er seinen Besuch ab. Ihm wurde gekündigt und er müsse sich jetzt erstmal um einen neuen Job kümmern. Wenn es kommt, dann alles auf einmal. Nach der Trennung hat er eine kleine hässliche Wohnung bezogen, die nur deprimierend auf ihn wirkt. Kein Rückzugsort. Die Kinder wollen keinen Kontakt zu ihm, er hat sie ja verlassen. Die Frau schickt eine Spitze nach der anderen per Whats-App und macht ihm klar, dass alles allein seine Schuld sei. Und er werde nicht so einfach davonkommen. Blöd für ihn, aber nicht wirklich mein Problem. Ich kenne die Frau und die Kinder nicht und ihn habe ich vor über zwanzig Jahren das letzte Mal gesehen. Wir waren früher sehr gut befreundet. Es ist nichts passiert, das Leben ist einfach seinen Gang gegangen und hat uns in unterschiedliche Ecken verschlagen.

Er hat sich voll in das Leben seiner Frau und ihrer Familie integriert und darüber alle seine Freundschaften vernachlässigt. Ich habe auch nicht weiter nachgehakt und so haben wir uns irgendwann aus den Augen verloren. Als ich mich vor einigen Jahren bei XING angemeldet habe, habe ich ihn gefunden und seitdem haben wir losen Kontakt. Intensiver, seit er vor Kurzem seine Frau verlassen hat. Traurig, dass er keine Freunde hat. In den zwanzig Jahren Ehe waren ihre Freunde, Eltern und Geschwister die Vertrauten. Gemeinsame Freunde hatten sie kaum, sie wollte das nicht. Er mochte ihre Eltern von Anfang an nicht, trotzdem hat er sich auf Geschäfte mit ihnen eingelassen. Ein großer Fehler, wie sich später herausstellen sollte. Sie haben ihn finanziell so richtig abgezogen. Er hätte sich gewünscht, dass seine Frau ihm zur Seite steht, er hätte gerne mal die Meinung seiner Frau zu gewissen geschäftlichen Aktivitäten gehört. Sie hatte kein Interesse daran, und so hat er oft Fehlentscheidungen getroffen. Hat jetzt seine Frau Schuld, dass alles so gekommen ist? Wie naiv kann man eigentlich sein? Jetzt weiß er es auch. Nie wieder wird es ihm passieren, dass er seine eigenen Freunde und Hobbies vernachlässigt. Nie wieder wird er blauäugig Geschäfte mit Familienmitgliedern abschließen. In diesem Fall ist es zu spät. Die Ehe ist gescheitert, die Kinder wollen nichts mehr von ihm wissen, finanziell sieht es auch nicht gut aus – ein großer Haufen Elend steht vor mir, als wir uns einige Wochen später sehen. Dieses Mal hat es mit dem Besuch nicht geklappt.

Umso besser für meinen anderen Pflegefall. Ich rufe ihn direkt an und teile ihm mit, dass er kommen und bleiben kann, solange er möchte, auch wenn ich in den nächsten Tagen beruflich verreisen werde. Er kennt sich hier ja aus. Schließlich war das früher unsere gemeinsame WG. Ich habe ihm viel zu verdanken.

Durch ihn (nicht wegen ihm) bin ich hier gelandet, habe einen tollen Job und einen hervorragenden Arbeitgeber. Das weiß ich alles sehr zu schätzen. Danke, danke, danke!!! Ach ja, als es schon klar war, dass wir die Dreier-WG mit einem weiteren Kollegen gründen würden, fragte er seine Frau, ob sie ein Problem damit habe, dass wir zusammenwohnen. Aus heutiger Sicht betrachtet, reichlich spät. War es für ihn so selbstverständlich, dass sie nichts dagegen haben würde, wenn er mit einer anderen Frau zusammen wohnt? Ich kannte sie damals noch nicht so gut und sie mich auch nicht. Ging er davon aus, dass ich ihm nichts anhaben könne? Dachte sie, dass ich ihn vielleicht auch haben möchte? Ich fand ihn jedenfalls schon immer attraktiv. Das reicht allerdings nicht, um ihn wirklich haben zu wollen. Was wäre passiert, wenn ich es darauf angelegt hätte? Hätte er mitgemacht? Wie wären wir damit umgegangen? Ich als Affäre? Aber nein, das kann mir nicht passieren. So etwas passiert auch nicht einfach. Ich habe die beiden kennengelernt, als sie gerade dabei waren, ein Paar zu werden. Er war noch in einer Beziehung und sie verheiratet. Kinder waren da. Für beide keine einfache Situation. Sie waren sich sicher, dass sie zusammengehören und haben alles auf sich genommen, um auch zusammen zu sein. Niemals hätte ich dazwischen gehen können. Allein wenn ich daran denke, was das für einen Ärger gegeben hätte. Den halte ich mir lieber gleich vom Hals. Ich mag keine unklaren Verhältnisse, ich mag mich in Gedanken nicht selbst zerreißen und ständig fragen, wo ich hingehöre und wer zu mir gehört. Sie sagte, sie habe nichts dagegen, dass wir zusammen in der WG wohnen. Sie hat ihm vertraut und mir wohl auch.

Er ist erleichtert, will auch gleich kommen. Nur kann er nicht am selben Tag abreisen, die andere Frau hat eine kleine Willkommensfeier für ihn organisiert. Er weiß schon, dass es vorbei ist, will aber nicht einfach gehen oder hat nicht die Kraft dazu. Am nächsten Tag trifft er bei mir ein. Er sieht schlecht aus. Fertig, unglücklich, grau. Wir kennen uns schon über zehn Jahre, so habe ich ihn noch nie gesehen. Ich frage ihn, was passiert ist. Er hat sich bei seiner Frau nicht mehr wohl gefühlt. Es hat ihm an Geborgenheit und Verständnis gefehlt. In ihrem Haus hat er sich immer als Gast gefühlt. Er hat sich nicht ernst genommen gefühlt. Sie war mit ihrem Beruf sehr erfolgreich und viel beschäftigt. Er war nicht mehr wichtig für sie. Sie hatte keine Zeit für ihn. „Hast du das mal angesprochen?", frage ich ihn. „Nein, nicht direkt", antwortet er. Die andere Frau hat ihm all das vermittelt, was er vermisst hat. Sie ist liebevoll, sie sieht ihn, nein, sie himmelt ihn an, sie setzt alle Hebel in Bewegung, um ihn zu treffen. Ist es das, was ein Mann will? Und wenn sie all das ist, was seine Frau nicht ist, warum passt es jetzt doch nicht? Mit der anderen Frau kann er keine Gespräche führen. Ihr ganzes Umfeld ist sehr schlicht, nicht das, was er möchte. Jetzt erst merkt er, wie wichtig ihm der Austausch mit seiner Frau ist und welche Rolle das Umfeld spielt. Sie haben nicht geredet, nicht miteinander, nicht übereinander. Wobei, irgendwie gab es Gespräche. Allerdings wussten beide nicht, wie es um sie und ihre Beziehung steht. Es gab immer mal wieder Zweifel. Wenn seine Frau es angesprochen hat, ist er ausgewichen. Er hat über seine Gefühle und Bedenken nie gesprochen. Er ist geflüchtet. Mal mit dem Motorrad, mal zu einem Freund, mal in sich selbst und dann zu der anderen Frau. Jetzt weiß er, dass sie hätten reden müssen. Er zieht in sein altes Zimmer ein. Drei Tage haben wir zusammen, dann muss ich für vier Tage weg.

Ich sage ihm, dass ich gerne für ihn da bin und ihm zuhöre. Ich werde ihn aber nicht mit Fragen löchern und gute Ratschläge meinerseits sind nicht zu erwarten, bei meiner nicht vorhandenen Erfahrung mit langjährigen Beziehungen. Ich kann ihm höchstens Denkanstöße verpassen. Das ist gut so, er braucht jetzt Zeit für sich. Es ist ihm jetzt schon klar, dass er wieder zurück zu ihr möchte. Aber wie? Er hat große Zweifel, dass sie ihn überhaupt noch einmal sehen will. Vor vier Tagen hat er ihr nach langem Zögern mitgeteilt, dass er eine andere Frau hat, die ihm all das gibt, was er bei ihr nicht findet. Sie hat ihn daraufhin gleich rausgeworfen. Er ist direkt zu der anderen Frau gefahren, um sein neues glückliches, liebevolles Leben zu beginnen. Und nun ist er hier. Bei mir. Willkommen auf der Pflegestation. Was geht in ihm vor? Weiß er eigentlich, welch eine Schneise der Verwüstung er hinterlässt? Wer ist noch alles involviert?

Gleichzeitig frage ich mich, warum mir so etwas nicht passiert und bin froh, dass das so ist. Weil ich so etwas nie zulassen würde. Weil ich lieber glücklich allein bin als unglücklich zu zweit, auch wenn mir viele Freuden der Zweisamkeit verloren gehen. Habe ich zumindest gehört. Aber wenn ich jetzt sehe, was aus Liebe werden kann? Nein danke. Ok, ich bin nicht immer allein, es gibt immer mal wieder einen anderen Menschen in meinem Leben. Aber keinen, mit dem ich meine Zukunft plane, sondern nur solche, mit denen ich die Gegenwart genieße. Damit geht es mir am besten. Hätte ich sonst spontan an der Algarve geangelt, im Park in Paris gepicknickt und barfuß die Denkmäler bestiegen? Wäre ich sonst spontan ohne passende Garderobe in der Mailänder Scala gewesen? Wohl nicht. Das ist mein Leben. Mein Credo: Ich versuche immer, niemanden zu verletzen und selbst nicht verletzt zu werden.

Wir verbringen drei ruhige Tage. Wir essen gut, wir machen eine Kneipentour, wir reden, wenn er reden möchte. Er hat wieder Kontakt zu ihr. Per E-Mail. Seine Sachen sind noch in ihrem Haus. Das muss geklärt werden. Dann fahre ich weg und überlasse ihn seinem Schicksal. Einige Tage später bin ich wieder da. In der Zwischenzeit war er wieder bei der anderen Frau, um sein restliches Gepäck abzuholen und endgültig Schluss zu machen. Sie hat es verstanden, weiß aber, dass er das nicht wirklich will. Sie ist überzeugt, die Richtige für ihn zu sein. Er ist davon überzeugt, dass es nur eine richtige Frau für ihn gibt, aber die ist es nicht. Seine jetzige Ex-Frau und er wollen sich zu einem Spaziergang treffen. Er hat in der Nähe ihres Ortes eine Ferienwohnung angemietet. Er hofft, dass er es irgendwie wieder geradebiegen kann, dass er noch eine Chance bekommt. Sie ist sehr wortgewandt, er kann schlecht reden. Sie hat einmal gesagt, wenn er geht, möchte sie keinen anderen Mann mehr in ihrem Leben. Ist das ein kleiner Hoffnungsschimmer? Entweder er oder kein anderer? Entscheidet sie sich für ihn oder lieber dafür, „keinen Anderen" mehr zu haben? Wie packt er das, was er sagen will, in Worte?

Für „kein anderer" hätte ich volles Verständnis. Das kann ich nachvollziehen, da fühle ich mich verstanden. Ich hoffe, ich muss für niemanden Partei ergreifen. Bisher kenne ich nur seine Version der Geschichte. Ich wünsche mir, dass sie wieder zusammenkommen. Sie passen doch so gut zusammen und ich hatte immer den Eindruck, sie gibt ihm den Halt, den er braucht.

Hätte ich es sehen können oder müssen, dass die beiden nicht glücklich sind? Wir hatten zwar regelmäßig Kontakt, aber meistens habe ich entweder ihn oder sie gesehen, selten beide zusammen.

Wie soll man da auch erkennen, ob ein Paar glücklich ist?

Und ist das überhaupt mein Thema? Eher nicht. Und warum ist man eigentlich zusammen, wenn man nicht glücklich miteinander ist? Das wird sich mir nie erschließen. „Nicht glücklich sein“ passiert ja auch nicht einfach. Bestimmt haben die beiden irgendwie gemerkt, dass etwas nicht stimmt und gehofft, es wird schon wieder, aber keiner hat wirklich etwas unternommen, bis es tatsächlich „einfach passiert“ ist. Er reist knapp tausend Kilometer in ihre Richtung. Ich wünsche ihm alles Gute und bitte ihn, mich auf dem Laufenden zu halten. Und es nicht zu verbocken.

Ich bleibe allein zurück, glücklich, dass ich solche Probleme nicht habe. War das immer schon so? Früher hatte ich auch Beziehungen. Die längste hielt drei Jahre, einige andere ein Jahr oder ein paar Monate. Ich habe nie beschlossen, keine Beziehungen mehr zu haben. Irgendwie hat es sich so ergeben. Oder habe ich mich aktiv entschieden? Auf jeden Fall geht es mir gut. Richtig gut. Ich habe alles, was ich brauche. Mir fehlt nichts. Ein Mann schon gar nicht. Ab und zu werde ich gefragt, wie man so allein leben kann. Sehr gut. Und ich denke mir einmal mehr: Lieber glücklich allein als unglücklich zu zweit. Vor allem, wenn ich mitbekomme, wie es um das Glück der Paare um mich herum steht.

Eineinhalb Jahre später.
Mein erster Pflegefall ist auf einem guten Weg, auch wenn der steinig ist. Noch immer redet er nur, wenn man ihn fragt, antwortet aber inzwischen ausführlicher. Ob das anhält? Ich weiß es nicht.

Ich kann nur hoffen, dass er nicht wieder zu einer anderen Frau flüchtet, wenn es mal nicht rund läuft. Aber wenn es so wäre, sein Zimmer bei mir ist immer frei.

Der zweite Pflegefall hat sich inzwischen erholt und ist überglücklich. Damals zwei Treffen auf dem Weihnachtsmarkt und zum Essen in seiner Gegend, unendliche Wiederholungen seiner Geschichte – ich kannte sie bald besser als er. Dann ein Besuch bei mir. Wandern, frische Luft und andere Gesprächsthemen führten dazu, dass er als fast neugeborener Mensch wieder abreiste. Zwei Monate später, ein erneuter Besuch. Ich nehme ihn zu meinem monatlichen Weinabend mit Freunden und Bekannten mit. Man glaubt es kaum, zwischen ihm und einer meiner Bekannten funkt es direkt. Ein gutes halbes Jahr später macht er ihr einen Heiratsantrag, sie nimmt an. Fast auf den Tag genau ein Jahr nach dem Kennenlernen heiraten sie. Ich bin seine Trauzeugin. Sie ist die Frau seines Lebens. Noch nie war er sich so sicher. Für sie ist es die zweite Ehe, für ihn die dritte. Sie sind sehr glücklich. Ich freue mich für die beiden und wünsche ihnen, dass es dieses Mal für immer hält. Inzwischen ist er voll in ihre Familie und in ihren Freundeskreis integriert und wohnt keine zehn Kilometer von mir entfernt. Ich habe seit Wochen nichts von ihm gehört. Ein gutes Zeichen?

WIR!
Aber
wie?

BER
EIT?
ODER

Mein Kind...
Solange ich
stehen kann,
kämpfe ich
für dich!
Solange ich atme,
verteidige ich
dich! Und so
lange ich lebe,
werde ich dich
lieben!

(Unbekannt)

Und wie sagen wir es (jetzt) den Kindern?

Die Google-Suche nach „Scheidung wie sagen wir es den Kindern" ergibt 831.000 Suchergebnisse, Tendenz steigend. Generell gilt, heißt es da, dass Sie als Eltern dem Kind zusammen sagen, dass sie sich trennen werden, und nicht um den heißen Brei herumreden, sondern es den Kindern als eine Tatsache mitteilen. Sie sollten sich auf dieses Gespräch gemeinsam vorbereiten, denn das Kind wird es wahrscheinlich sein Leben lang im Gedächtnis behalten.[65]

Auch wenn es für uns eines der wichtigsten Themen in Zusammenhang mit einer Trennung ist, so ist dieses Kapitel doch das letzte, das für dieses Buch entsteht. Denn es ist mit Abstand der schmerzhafteste Teil – für Väter und Mütter gleichermaßen.

Direkt, nachdem mein Mann mir mitteilte, dass er sich trennen wollte, musste er für 3 Wochen auf eine lang geplante Geschäftsreise. Es war für uns beide undenkbar, vor seiner Abfahrt mit den Kindern über die Geschehnisse und ihre Folgen zu sprechen. Ich hatte genug damit zu tun, den ersten Schock zu verdauen und wollte auf keinen Fall all den Schmerz und die aufkommenden Fragen allein bewältigen. Auch meinem Mann war es wichtig, in dieser Situation für die Kinder da zu sein. Also entschieden wir, die kommenden drei Wochen abzuwarten und es ihnen dann gemeinsam zu erzählen. In diesen drei Wochen bin ich durch die Hölle gegangen. Obwohl es mir wirklich sehr schlecht ging, musste ich so tun, als wäre Papa wie so oft in den vergangenen 3 Jahren für längere Zeit unterwegs und alles sei wie immer. Tränen, die ich nicht zurückhalten konnte, begründete ich mit Überlastung oder mit Ärger im Job. Das erschien ihnen plausibel, somit blieben weitere Nachfragen Gott sei Dank aus. Doch innerlich fühlte ich mich bereits wie eine Verräterin. Nachts, wenn alle schliefen, konnte ich wütend, traurig und verzweifelt sein.

Mich unbemerkt ausweinen, damit ich den kommenden Tag ohne Tränen bis zum Abend überstand.

Ich wünschte den Tag, an dem mein Mann zurückkehrte, gleichzeitig herbei und weit weg. Die Vorstellung, meinen geliebten Kindern sagen zu müssen, dass wir uns trennen, war einfach nur grauenvoll. Wie oft hatten wir mit ihnen darüber gesprochen, sie getröstet, wenn Eltern von Kindern aus ihrem Freundeskreis sich trennten. Sie waren immer so froh und stolz, dass das in unserer Familie anders war. Und jetzt blühte ihnen genau das Gleiche, und das auch noch mitten in der schwierigen Phase ihrer Pubertät. Ich kann bis heute nicht in Worte fassen, was das mit mir gemacht hat.

Ich malte mir in diesen Tagen so oft aus, wie sie wohl reagieren würden. In meiner Vorstellung war so gut wie alles möglich. Letztlich musste ich mir jedoch eingestehen, dass ich keine Ahnung hatte, was passieren würde. Wie sagt man den eigenen Kindern so etwas? Ich musste mich vorbereiten. Ich nutzte die wenige freie Zeit, um Ratgeber zu wälzen, im Internet zu recherchieren und Erfahrungsberichte zu lesen. An Ratschlägen mangelte es nicht, aber was in unserer Situation ein guter Weg sein würde, stand da nicht. Trotzdem hatte ich wenigstens ein wenig das Gefühl, vorbereitet zu sein auf das, was auch immer da kommen würde.

An besagtem Tag – ich hatte drei Wochen so gut wie nicht geschlafen und gegessen – saßen wir dann abends beisammen und aßen zu Abend, das war zumindest der Plan. Mein Mann und ich hatten uns zuvor darauf geeinigt, der Empfehlung zu folgen, ohne Umschweife auf den Punkt zu kommen. Schon beim ersten Wort des ersten Satzes brach ich in Tränen aus.

Meinen Kindern war sofort klar, was jetzt folgen würde. Somit entschieden sie, sich den Rest gar nicht mehr anzuhören. Unter Tränen und mit großem Geschrei verließen sie den Tisch, jedes in sein Zimmer. Den Knall der Türen höre ich noch heute. Ebenso wie das, was danach kam: All ihre Angst, ihre Wut und Enttäuschung entluden sich in blanker Zerstörungswut. In kurzer Zeit lag das erste Kinderzimmer in Schutt und Asche. Mein Mann und ich standen ratlos daneben, als Spielekonsole, Monitore, Schränke und Regale flogen. An unsere Kinder war kein Herankommen. Sie wollten uns weder sehen noch mit uns reden. Viele Stunden und Versuche später, Kontakt zu ihnen aufzunehmen, fand ich meinen Sohn weinend unter dem Bett wieder. Er konnte eine erste Umarmung zulassen und wir schluchzten still.

„Fahren wir dann nicht mehr zusammen in den Urlaub?"
„Kommst du dann nicht mehr mit zu Oma und Opa?"
„Wohnst du dann woanders?"
„Sehe ich Dich dann auch nur alle 14 Tage, so wie mein Kumpel seinen Papa?"
„Du hast mir versprochen, du bist immer für mich da. Warum hast du mich angelogen?"
„Warum bist du nicht tot, das wäre leichter für mich."
„Du wolltest doch ab jetzt mehr zu Hause sein. Jetzt bist du es gar nicht mehr?"

Über das, was danach folgte, ließen sich Bände schreiben. Mein Mann und ich hatten vereinbart, dass unsere Kinder jede Frage stellen und darauf eine ehrliche Antwort erwarten dürfen. Schließlich wollten wir ihnen in dieser Situation Sicherheit, Halt und Vertrauen geben. Und Fragen gab es viele, auch sehr unangenehme. Wir haben uns nicht vor ihnen gedrückt, und das war gut so.

So erfuhren sie, dass mein Mann eine andere Frau kennen gelernt hatte, die auch Kinder hatte. Dass wir immer ihre Eltern und wir eine Familie bleiben würden, nur eben kein Liebespaar mehr. Was genau das bedeuten würde, wussten wir zu diesem Zeitpunkt ja selbst noch nicht. Und so nahmen sie es hin, wie Kinder das eben tun.

Mein Mann war noch einige Tage bei uns. Als er abreiste, war es das erste Mal nicht mehr nur für eine Geschäftsreise – er brach auf in sein neues Leben. Und ich fing damit an, mich in meinem neuen Leben zurecht zu finden – mehr oder weniger als alleinerziehende Mutter. Zu allem Überfluss zwang uns dann Corona in den Lockdown.

Es gab weiterhin viele schlaflose Nächte. Die Kinder wechselten sich mit intensivem Redebedarf bis spät in die Nacht ab oder suchten einfach nur körperliche Nähe und Trost. An manchen Tagen flüchteten sie sich in virtuelle Welten, irgendwann fehlte mir die Kraft, etwas dagegen zu tun. Erholung fand ich erst, als ich für einige Zeit meine Eltern besuchen konnte. Das gab mir Raum, meine Gefühle und Gedanken zu ordnen. Als wir von dort abreisten, hatten wir Pläne geschmiedet, wie wir die Kinder- und Schlafzimmer umgestalten wollten und setzten das auch sofort in die Tat um. Ohne Papa, aber das war bei uns nicht mehr ganz so ungewöhnlich. Ich hatte den Eindruck, den Kindern tat es gut, etwas bewusst zu verändern. Schließlich hatte sich ja auch ihr Leben verändert. Und wir alle hatten das Gefühl, mal wieder etwas tun zu können, etwas zu bewirken.

So gut solche kleinen Schritte nach vorn waren, so hart waren auch die Rückschläge. Alles war eben noch sehr frisch und konnte jederzeit wie ein Kartenhaus zusammenfallen. Jedes Telefonat mit meinem Mann, jeder Besuch, jeder Termin mit dem Anwalt oder beim

Jugendamt zur Klärung der Betreuungssituation war ein weiterer Kraftakt. Für die Kinder hingegen waren es viele erste Male: das erste Mal alleine wegfahren. Das erste Mal die andere Frau kennenlernen. Das erste Mal in Papas neuer Wohnung schlafen. Das erste Mal die anderen Kinder treffen. Das erste Mal…

Der Schorf, der sich ganz allmählich über die Wunden legen wollte, platzte immer wieder auf und löste bei allen Beteiligten neue Schmerzen aus. Was ich aus heutiger Sicht anders machen würde? Vermutlich nichts, vielleicht weniger Tempo in allem. Andererseits weiß ich aus meiner Beratertätigkeit um die Bedeutung von Klarheit für alle Beteiligten. Da wir die wichtigsten Themen so schnell geklärt hatten, gab es vergleichsweise wenig Konfliktpotential. Trotzdem gab es reichlich Situationen, in denen ich am liebsten in die Tischkante gebissen hätte. Plötzlich warfen mir meine Kinder vor, dass das ja alles nicht passiert wäre, wenn mir die Beziehung zu ihrem Vater wichtig genug gewesen wäre. Oder die Tatsache, dass mein Mann gegen meinen Wunsch einfach nicht abwarten konnte, ihnen „seine neue Familie" vorzustellen und ich nach solchen Aktionen die Tränen trocknen musste. Und sicher gab es auch auf seiner Seite Kränkungen und Verletzungen, die ich ihm in dieser Zeit bewusst oder unbewusst zugefügt habe.

Wie sagen wir es jetzt den Kindern?

Als mein Mann nach knapp vier Monaten zurückkehrte, stellten wir uns diese Frage ein zweites Mal. Auch diesmal haben wir sie von Anfang an offen und ehrlich beantwortet. Und wir haben sie so beantwortet, dass nichts uns dazu zwang, Entscheidungen zu treffen, für die wir (noch) nicht bereit waren.

Sicher war: Egal, was zwischen mir und meinem Mann passieren würde, Papa kehrt in die gleiche Stadt zurück und ist für sie greifbar. Offen war, ob wir in Zukunft nicht nur Eltern, sondern auch wieder ein Liebespaar sein könnten. Auf diese Weise konnten wir das Vertrauen unserer Kinder für unseren Neubeginn gewinnen. Auch heute noch merken wir manchmal, dass wir unter ihrer Beobachtung stehen. Sie sprechen an, wenn sie den Eindruck haben, irgendwas stimme nicht. Und dann ist es auch gut, denn sie haben erkannt, dass sie sich auf unsere Antworten verlassen können.

An deine Kinder wirst du zurückgeben, was du von mir bekommen hast. (Jüdisches Sprichwort)

Dieser Satz hat mich im Zusammenhang mit unserer Familiengeschichte sehr bewegt. Wäre es bei unserer Trennung geblieben, hätte ich eine lange Reihe lebenslanger (vielleicht nicht immer lebenslang glücklicher) Ehen in meiner Familie unterbrochen. Wenngleich das für mich keinen Grund darstellt, beieinander zu bleiben, hätte ich es dennoch sehr bedauert. Und gleichzeitig frage ich mich natürlich: welches Verständnis von Liebe und Beziehung entwickeln unsere Kinder und was werden sie an die ihren weitergeben?

Wir sind für unsere Kinder nicht mehr die Eltern, die sich niemals trennen würden. Und sie sind nicht mehr die Kinder, denen das, was vielen anderen passiert, auf keinen Fall passiert. Dass wir heute als Familie abends zusammensitzen, gemeinsam Weihnachten verbringen, zusammen in den Urlaub fahren und Zukunftspläne schmieden, ist für sie nicht mehr selbstverständlich. Ist das gut oder schlecht? Ganz ehrlich - ich weiß es nicht...

Tue es, oder tue es nicht. Es gibt kein Versuchen.

Yoda, Jedi-Meister

Warum kommst du zurück?

Irritiert lege ich mein Telefon weg. Eben rief mein Mann an. Er ist mit den Kindern auf dem Weg zu mir. Er sagt, er kann das alles nicht, will zurückkommen. „Komm erstmal nach Hause", sage ich, „und dann reden wir."

Es ist das erste Wochenende nach unserer Trennung, an dem mein Mann die Kinder ganz für sich in seiner neuen Umgebung hat. Es ist ungewohnt für mich, aber ein Stück weit genieße ich es, endlich mal allein sein zu können. Am Freitag ist er zu ihr gefahren. Heute ist Samstag und ich stehe wie angewurzelt im Garten. Ich muss mich erstmal setzen. Warum? Vor wenigen Wochen noch war er überzeugt, er habe die Frau seines Lebens gefunden. Alle Versuche, ihn zur Vernunft zu bringen und zumindest der Kinder wegen nicht so schnell so weit weg zu ziehen, prallten mit einer unfassbaren Wucht an ihm ab. Mit ihr schwinge ich einfach nochmal auf einem anderen Level. Was ist daraus geworden? War das alles nur ein schlechter Witz? Wenn ja, kann ich nicht darüber lachen.

Die Trennung war ein harter Schlag. Einer, mit dem ich absolut nicht gerechnet hatte. Doch er kam. Und es war wie ein Knock-out. Tagelang fragte ich mich, wie es weitergehen sollte. Ich brauchte eine ganze Weile, bis ich aus dem tiefen Dunkel meines Schmerzes wieder auftauchen konnte. Schritt für Schritt baute ich mir ein neues Leben auf. Beruflich wie privat. Schritt für Schritt kam ich wieder zu mir. Ich verarbeitete. Analysierte. Fragte mich, was ich selbst brauchte. Und nun ginge es mir endlich wieder besser. Ich hatte mein emotionales Gleichgewicht zurückgewonnen, konnte die Dinge anpacken, die es zu tun gab. Und jetzt sagt er, er will zurückkommen?

Will ich das auch? Und noch wichtiger: Was ist passiert? Warum kommt er zurück?

Viele Gedanken rasen mir durch den Kopf: Die Andere will ihn jetzt doch nicht und ich bin der Pausenclown. Die Andere ist doch nicht so wie erwartet und bevor er gar nichts hat, dann doch wenigstens mich, was wieder dem Pausenclown entspricht. Er kommt zurück, weil es dann einfacher ist, bei den Kindern zu sein. Die große Entfernung, das ist einfach zu anstrengend. Er weiß nicht, was er will und bereut, dass er so schnell eine Entscheidung getroffen hat. Er hat finanzielle Sorgen und weiß nicht, wie es weitergehen soll. Der Blitz der Erkenntnis hat ihn getroffen und jetzt weiß er was er will: mich. Er vermisst mich wirklich. Tausend mögliche Gründe.

„Warum kommst du zurück", frage ich ihn. „Was hat sich verändert? Und welche Rolle spiele ich dabei?"

„Ich habe einen großen Fehler gemacht", sagt er. „Und egal, wie ich mich entscheide, ich möchte auf jeden Fall für meine Familie da sein." Wir reden zwei Stunden, das reicht mir für den Moment. Ich bitte ihn um Bedenkzeit und darum, für Klarheit bei der anderen Frau zu sorgen.

Und ich sage ihm sehr deutlich, dass es für mich wichtig ist, dass wir beide als Eltern für unsere Kinder da sind. Dass es aber für mich keine Option ist, nur wegen der Kinder auch als Paar zusammen zu bleiben. Auf dem Weg zu mir selbst habe ich erkannt, wie wichtig die Liebe für mich ist. Die Liebe zu mir selbst, zu meinen Kindern, aber auch zu meinem Mann. Darauf will ich in meinem Leben nicht verzichten. Dass ich ihn nach wie vor liebte, wusste ich.

Was er jedoch tatsächlich für mich empfand, war eine Blackbox für mich. Egal, was er sagte, zu diesem Zeitpunkt konnte ich all dem kaum Glauben schenken. Schließlich kam ich während der Bedenkzeit zu dem Ergebnis: Letzten Endes ist es nun meine Entscheidung, wie ich mit der Trennung und dem Zurückkommen umgehen will. Will ich die Trennung als endgültig akzeptieren und nun weiter daran arbeiten, über ihn hinwegzukommen? Oder will ich es nochmal versuchen und dazu beitragen, dass wir eine glückliche Beziehung führen? Und wenn ich dazu gewillt bin, wie viel Zeit will ich mir dafür geben? Unter welchen Umständen bin ich bereit, neu zu starten?

Und somit wird aus einem „Warum kommst du zurück?“ ein „Bin ich bereit, es mit dir nochmal zu versuchen?” Und das ist eine ganz andere Frage. Eine, deren Antwort allein bei mir liegt.

Du brauchst keinen Grund, um zu gehen, wenn du keinen mehr hast, um zu bleiben.

Songtext Ina Müller

Gehen oder bleiben?

Die Gedanken fahren Karussell. Er ging, er kam wieder. Was soll ich tun? Wie soll ich mit der Situation umgehen? Der Bauch sagt „bleib“, der Kopf sagt „hau ab“, dann sagt der Kopf „hau ab“ und der Bauch sagt „bleib“. Gehen oder bleiben?

Gehen wäre einfach. Es wäre nicht die erste Trennung. Es tut eine Zeitlang weh, die Wunden verheilen, es bleiben Narben, aber das Leben geht weiter. Vor meinem geistigen Auge entstehen lebendige Bilder. Ich stelle mir vor, wie es sein würde, durch einen engen, dunklen Tunnel zu kriechen und am Ende dann wieder ein neues Leben zu beginnen. Gut ist, dass ich am Ende des Tunnels die Sonne sehen kann. Und bleiben? Bleiben ist mir fremd. Das war nie eine Option. Trennung ist Trennung, sonst hieße es ja nicht Trennung. Vor mir tut sich gedanklich ein langer, steiniger Weg auf. Von Sonne keine Spur.

Eine Kollegin empfiehlt mir, ich solle eine Art Aufstellungsarbeit machen. Die Aufgabe lautet, mir vorzustellen, wie es wäre, eine Zukunft mit meinem Mann zu leben und wie es wäre, in Zukunft ohne meinen Mann zu leben und mich in die beiden Varianten „einzuspüren“. Ich spüre mich ein und spüre ... nichts. Gar nichts. Es fühlt sich alles gleich an. Blöde Übung! Aber dann fällt der Groschen. Ich hatte mich gefragt, wie eine Zukunft mit oder ohne meinen Mann wäre. Ergebnis: Beide Zukünfte sind gut. Es ist egal, ob mit oder ohne ihn. Für mich ist das eine großartige Erkenntnis, sie bringt mich nur kein Stück weiter. Ich weiß immer noch nicht, was ich machen soll. Und dann stelle ich mir die eigentliche Frage: „Soll ich gehen oder bleiben?“ Und wenn ich ehrlich bin, gehört noch eine dritte dazu: Soll ich abhauen? Fliehen? Jetzt sind drei Fragen zu beantworten. Na toll, als ob zwei nicht schon genug wären.

Wie immer kann man auch in dieser Frage viele Bücher, das Internet, Freunde und Therapeuten zu Rate ziehen. Vom Gehen-oder-Bleiben-Test bis zu Plus-Minus-Listen findet man alles Mögliche. Am Ende sitzt man vor den Ergebnissen, starrt sie an und ist wieder kein Stück weiter. Was bedeutet es eigentlich, wenn ich gehe, bleibe oder fliehe? Wann macht was Sinn? Und wo ist der Unterschied zwischen Fliehen oder Gehen? Das Ergebnis ist doch das gleiche, oder? Wenn ich gehe, gehe ich dann gezielt irgendwohin? Und wenn ich fliehe, wohin gehe ich dann?

Von fliehen sprechen wir, wenn jemand sich einer Situation entzieht und im wahrsten Sinne des Wortes wegläuft. Ich weiß zwar nicht wohin, aber Hauptsache weg hier. Wir erleben das häufig in unseren Coachings. Die Menschen wissen sehr genau, was sie nicht mögen. Sie wissen auch, dass sie die Situation unerträglich finden. Sie wissen aber selten, worin ihr Beitrag an der derzeitigen Situation besteht und noch seltener, was sie stattdessen wollen. Sie suchen etwas Neues, das vermeintlich besser ist. Am Ende ist es zwar neu und anders, aber keinesfalls besser. Was nämlich mitgenommen wurde, war die eigene Einstellung, die zur Flucht führte. „Die Einstellung entsteht durch das Zusammenwirken von destruktiven Abhängigkeiten, Ängsten, einem geringen Ur- und Selbstvertrauen, negativen Routinen und letztlich einer inneren Ohnmacht, dem Gefühl, den Umständen nicht gewachsen zu sein.“[66]

Entsprechend stellt sich dann die Frage, wo man ankommt, nachdem man geflohen ist. In Veränderungsprozessen sprechen wir gerne von einer „Weg-von-“ oder einer „Hin-zu-Bewegung“. Wenn wir in Beziehungen weglaufen oder fliehen, ist die Chance groß, dem Nächstbesten in die Arme zu laufen, der nicht so wie der eigene

Partner und damit vermeintlich besser ist. Wir laufen „weg von“ ihm, aber nicht bewusst „hin zu“ dem Neuen. Eine befreundete Ärztin meint ganz trocken: „Wieso weglaufen? Dann betrügt dich doch nur der nächste Typ. Bei deinem Kerl hast du es wenigstens schon hinter dir.“ Weise gesprochen. So kann man es auch sehen. Die Tendenz zur Flucht habe ich sehr wohl. Es mutet so einfach an. Alles hinter sich lassen und darauf bauen, dass es nur besser werden kann. Sich nicht mehr mit dem Betrug und den Lügen auseinandersetzen. Und was dann? Gute Frage! Sobald wir uns darüber Gedanken machen, setzen wir uns damit auseinander zu gehen. Gehen geschieht nicht einfach. Gehen ist ein aktiver Prozess, eine bewusste Entscheidung, ein wohl durchdachtes NEIN. Ich denke darüber nach, was ich eigentlich brauche und was ich will und gleiche es damit ab, ob ich das, was ich will, bei meinem Mann überhaupt finde. Am Ende bleibe ich immer bei der Frage hängen, ob ich gehen oder bleiben soll. Es fühlt sich an, als würde ich vor zwei geöffneten Türen stehen. Hinter beiden sehe ich ein verlockendes Leben auf mich warten. Ich kann mich einfach nicht entscheiden. Wenn ich es doch nur ausprobieren könnte. Kann ich aber nicht. Also habe ich mich entschieden einfach eine Zeitlang vor den Türen stehen zu bleiben und zu beobachten, welche Alternative mich mehr anspricht. Vor kurzem habe ich mich entschieden. Was für ein Wahnsinns-Gefühl. Ich bleibe!

Diese Geschichten enden mitunter auch mit „ich gehe“, oder „ich bleibe noch ein wenig“ oder wie auch immer. Wichtig ist, sich die Zeit zu geben und nicht einfach zur Tagesordnung überzugehen. Kinder, sollten welche involviert sein und die Trennung mit all ihren Konsequenzen wahrgenommen haben, könnten so etwas überhaupt nicht verstehen.

Im Sinne aller Beteiligten erscheint uns deshalb wichtig, dass beide sich Gedanken machen, wie es zu dieser vertrackten Situation kam, was zu der aktiven Entscheidung geführt hat, dass man wieder zusammen sein möchte und wie dieses „Zusammensein" aussehen könnte. Mein Mann und ich haben zwei kleine Töpfe angelegt: einen für „das wünsch ich mir" und einen für „das will ich nicht mehr". Immer wenn uns etwas einfällt, schreiben wir ein kleines Zettelchen und werfen es in den betreffenden Topf. Ab und zu nehmen wir uns ein paar der Zettel und sprechen darüber. So überprüfen wir regelmäßig, ob sich zwischen uns etwas Neues gut entwickelt.

Mohsen Charifi hat in seinem Buch „Die Kunst Beziehungen in den Sand zu setzen" für das Thema „Gehen, Bleiben, Fliehen" ein wundervolles Schlusswort gefunden: „Eine Beziehung ist ein dynamischer Prozess, ein Wandeln und ein Wandern. Je nachdem, mit welchen Problemen und Konflikten man konfrontiert wird und je nachdem, ob man gerade sonnige Gipfel der Beziehung erlebt oder sich durch ihre engen, dunklen Täler schleppt, entstehen die panischen Gedanken des Fliehens, die Lust und die Trägheit zu bleiben oder der Drang zum Gehen. Bei diesem Wandeln und Wandern ist Bleiben mit Freude oder Gehen mit Schwung immer ein Ja zu sich selbst, ein Ja zum Leben und damit eine weise Entscheidung. Fliehen dagegen ist selten die Rettung. Es können durchaus Situationen im Leben vorkommen, in denen eine Flucht in der Tat das Gebot der Stunde ist. Doch in aller Regel ist Fliehen die Folge davon, dass man es verpasst hat, rechtzeitig dafür zu sorgen, dass man gelassen in der Beziehung bleiben oder entschlossen gehen kann."[67]

Weißt du, warum du geblieben, gegangen oder geflohen bist?

Monogamie sollte eine bewusste Entscheidung sein und nicht nur deshalb gelebt werden, weil es als „normal" gilt.

(#leilaliebt)

Wie wär´s mit einer offenen Beziehung?

Wenn ich heute an die Situation von damals denke, bin ich immer noch sprachlos. Da sitzt mein Mann mit dem Au-pair in trauter Zweisamkeit auf der Wohnzimmercouch. Wenn ich nicht dabei gewesen wäre, als wir sie wenige Stunden zuvor vom Flughafen abgeholt haben, würde ich sagen, die Affäre dauert schon eine Weile. Hatte sie wohl auch. Platonisch zwar, aber dennoch. Fast ein Jahr hat es gedauert, bis wir das OK für unsere amerikanische Unterstützung endlich hatten. Und dann zerbrach meine Ehe. Mein Mann war der Ansicht, wir könnten doch auch wunderbar zu dritt zusammenleben. Aber da hatte ich ihm die Koffer schon gepackt und der Trulla auch. Eine offene Beziehung war und ist für mich überhaupt kein Thema.

Offene Beziehung. Das klingt für den einen oder anderen echt verlockend. Vor allem, wenn beide geschäftlich eingebunden oder viel unterwegs sind oder andere Interessen haben. Da wäre es doch naheliegend, in den Zeiten des Alleinseins noch mit anderen zusammen zu sein. Es gibt Paare, die so leben. Aber funktioniert das wirklich? Unabhängig davon, was andere erleben, muss jedes Paar für sich entscheiden, ob das eine mögliche Form des Zusammenlebens sein kann. Ich stehe dem kritisch gegenüber. Für viele sind Sex und Liebe eng miteinander verbunden. Um eine offene Beziehung zu leben, müsste man das trennen. Denn sonst führt es mit Sicherheit zur Eifersucht. Dafür fehlt mir die Vorstellungskraft.

theratalk®.de hat das Thema im Rahmen einer Studie beleuchtet und 10.000 Männer und Frauen, die sich seit mindestens einem Jahr in einer Partnerschaft befanden, befragt. Eine Erkenntnis lautete unter anderem, dass etwa 97% der Männer und Frauen, die im deutschsprachigen Raum eine Partnerschaft eingehen, von ihrem Partner Treue erwarten.

Es gibt aber auch eine Gruppe von Männern und Frauen, denen sexuelle Treue weniger wichtig ist und die in einer „offenen Partnerschaft“ leben. Wobei eine Partnerschaft als offen gilt, wenn beide Partner damit einverstanden sind, dass der oder die andere sexuelle Kontakte außerhalb der Partnerschaft hat und dass dieses Einverständnis dem Partner gegenüber auch explizit ausgesprochen ist.

Die Studiendaten zeigen: Bei nur etwa 1 % der Partnerschaften hat eine offene Partnerschaft wirklich funktioniert.[68]

So richtig kann ich nicht an den Konsens in einer offenen Partnerschaft glauben. Mein Eindruck ist, dass einer die treibende Kraft ist und der andere nur mitzieht, um den Partner nicht zu verlieren. Wenn so etwas funktionieren soll, dann müssen die Regeln klar und beide Partner wirklich überzeugt sein. Wie oft? Wo? Mit wem? Wie weit darf man gehen? Was ist mit Verhütung? Fragen über Fragen. Spätestens dann wäre es mir zu anstrengend. Zu viel Kopf. Zu wenig Bauch. Aber wer bin ich, dass ich über andere urteile. Kürzlich bin ich über folgende Aussage von Benedikt Ahlfeld[69] gestolpert: „Eine monogame Partnerschaft ist nichts anderes als eine offene Beziehung, in der sich beide (freiwillig oder unfreiwillig) entschieden haben, nicht mit anderen zu schlafen.“ Interessanter Ansatz. Es ist wie immer eine Frage der Perspektive.

Die Trulla hätte übrigens eine offene Beziehung akzeptiert. Lieber teilen als ganz auf meinen Mann zu verzichten, war hier die Devise. Abgefahren. Sie kann ihn haben. Für mich war das Thema durch.

Manchmal scheint es nicht anders zu gehen. Ein Paar erzählte uns, dass aus der Affäre (un)glücklicherweise Kinder hervorgegangen sind. Den Kontakt zu einer Geliebten abzubrechen ist das eine. Kinder im Stich zu lassen, etwas ganz anderes, sagten sie uns. Verständlich. Also haben sich alle Beteiligten – Betrüger, Geliebte und Betrogene – entschieden, sich auf den Deal der „offenen Beziehung" einzulassen. Der Kinder wegen. Ob das klappen wird? Die Zeit wird es zeigen.

Wie sieht es bei euch aus? Könntet ihr in einer offenen Beziehung leben?

Weint einer,
war es
Liebe.
Weint keiner,
war es nie
Liebe.
Weinen beide,
ist es Liebe.

Unbekannt

Zwei Elefanten im Raum

Laut einer Studie des „Deutschen Ärzteblatt“ sind bereits 11 Prozent aller Frauen und sogar 21 Prozent aller Männer schon einmal fremdgegangen – das sind zumindest die, die es zugeben.[70] Wenn sich ein Paar nach einer Affäre mit oder ohne Trennung entscheidet, es noch einmal zu versuchen, ist das ein sehr mutiger Schritt. Die vielen Gespräche mit Betroffenen haben uns zu der Erkenntnis geführt, dass es meist deutlich einfacher wäre, die Beziehung zu beenden. Denn zu bleiben bedeutet viel Arbeit an der Beziehung – in erster Linie an sich selbst und vor allem an der eigenen Haltung. Warum betonen wir das? Wenn die Ursache der Trennung eine Affäre oder eine neue Partnerschaft war, gibt es einen Menschen, der (fremd-) gegangen ist und einen anderen, der – meist ratlos – zurückbleibt. Findet man aus dieser Situation heraus wieder zueinander, fühlt es sich an, als stünden mit den beiden Partnern auch zwei große Elefanten im Raum: Wie kann einerseits derjenige, der betrogen oder verlassen wurde, den Schmerz, die Betrügereien, die vielen Lügen und die Traurigkeit verarbeiten und wieder Vertrauen fassen? Wie kommt andererseits derjenige, der betrogen hat, mit all der Schuld und Scham klar?

Für beide Seiten ist es eine große Herausforderung, seinen Elefanten aus dem Raum zu verbannen. Wir haben festgestellt: sich darüber bewusst zu werden und wertzuschätzen, vor welcher Mammutaufgabe hier BEIDE stehen, ist äußerst hilfreich und sehr wirksam!

Die meisten Kapitel in diesem Buch beleuchten die Seite der Betrogenen. Der Fremdgeher, Lügner und Betrüger ist immer die bzw. der Böse. Wer seinem Partner fremdgeht, begeht nach allgemeiner Definition einen moralischen Fehltritt – den er bereuen soll. Tut er es nicht, spricht man ihm ab, ein funktionierendes Gewissen zu haben.

Sind also Reue und Scham selbstverständlich?

„Nein", würde Franz-Josef Wetz wohl antworten. Zumindest dann nicht, wenn das schlechte Gewissen den Fremdgänger dazu antreibt, dem Partner die Affäre auf Teufel komm raus zu beichten. In „Lob der Untreue" schreibt Wetz, Fremdgeher würden zwar auch vom Reiz des Heimlichen leben, viele Untreue würden aber den Drang verspüren, den Partner über den Seitensprung ausgiebig zu informieren – um ihr Gewissen zu erleichtern. Und zwar ungeachtet der Tatsache, dass eine Beichte irreparable Beziehungsschäden anrichten kann.[71]

Reue und Scham zu zeigen, nur um das eigene Gewissen zu erleichtern, reicht nicht aus. Das würde dem Partner nichts bringen und wäre purer Egoismus. Mit Reue und Scham meinen wir hier die bittere Erkenntnis, dass man jemanden, den man liebt, absichtlich verletzt, über lange Zeit belogen und sein Vertrauen missbraucht hat. Ich stelle es mir furchtbar vor, in den Augen meines geliebten Partners und vielleicht auch denen meiner Kinder den Schmerz und die Verzweiflung zu sehen, die ich mit meinem Verhalten selbst verursacht habe. Es ist sicher nicht leicht, sich dafür nicht zu hassen. Die meisten Betrogenen würden mit ihren Partnern nicht tauschen wollen!

„Was ist dann passiert, als ich ging? Ich habe mich noch viel fremder gefühlt als vorher. Es war noch viel schlimmer als vorher. Meine ganzen Überlegungen, was sich jetzt alles ändern soll, waren so schnell weg, dass ich es einfach nicht begreifen, nicht in Worte fassen konnte. Ja, ich bin dann wieder weggelaufen, ... gerannt. Meine Vergangenheit war zerstört und meine Zukunft zerbrach wie eine Suppenschüssel, die auf den Boden fällt", so ein Fremdgänger an seine Frau.

Auch die Männer stehen vor einem Trümmerhaufen. Nur haben sie niemanden, der sie tröstet und in den Arm nimmt. Auf Verständnis darf ein Fremdgänger nicht hoffen. Im Gegenteil.

Wenn wir die Elefanten verbannen und wieder zueinander finden wollen, brauchen wir viel Mut, Kraft und Verständnis für die Situation des anderen und seine Gefühlslage. Wieder zueinander zu finden, kann unserer Meinung nach nur funktionieren, wenn beide Seiten den festen Willen haben, das Geschehene wirklich zu verarbeiten. Das heißt eben nicht, alles einfach zu vergessen, sondern es als Teil der gemeinsamen Geschichte in die Beziehung zu integrieren. Sich das „Neue Zusammen" zum Ziel zu setzen und anzuerkennen, was der andere bei der Verarbeitung des Erlebten gerade leistet, ist ein wichtiger Teil des Heilungsprozesses. Gerade für den, der tief verletzt wurde, ist es meist schwer, den Beitrag des anderen wertzuschätzen. Ist doch die Frage von Schuld und Sühne eindeutig beantwortet. Oder etwa nicht? Es kommt der Zeitpunkt, an dem der Blick frei wird auf das, was man als Betrogene oder Zurückgebliebene selbst dazu beigetragen hat. Sich das dann einzugestehen und Verantwortung für die Konsequenzen zu übernehmen, das ist ein harter Brocken.

Für manch Außenstehenden mag das befremdlich klingen. Uns hat diese Perspektive sehr geholfen. Unser Blick auf das Geschehene wurde Stück für Stück wohlwollender, verständnisvoller, entlastender. Wir hatten deutlich seltener Rachegelüste oder das Bedürfnis, durch fiese Seitenhiebe immer wieder den Finger in die Wunde des anderen zu legen. Stattdessen ist es uns zunehmend gelungen, den Beitrag zu würdigen, den unsere Partner zum Gelingen des Neuanfangs gerade leisten. Und das haben wir ihnen dann auch gesagt.

„Du hast mir sehr weh getan, aber ich sehe und spüre, dass es dir wirklich wichtig ist und dass du für unsere Liebe kämpfst." „Es tut gut zu erleben, wie wichtig es dir ist, dass wir wieder zusammenkommen, ich sehe, wie sehr du dich bemühst und ich glaube dir, dass es dir leid tut." Nach einer tiefen Enttäuschung solche Rückmeldungen zu geben, erfordert viel Kraft. Sie zeigt dem anderen jedoch, dass er auf dem richtigen Weg ist und dass sein Engagement wahrgenommen wird.

So werden am Ende hoffentlich beide Elefanten aus dem Raum geleitet.

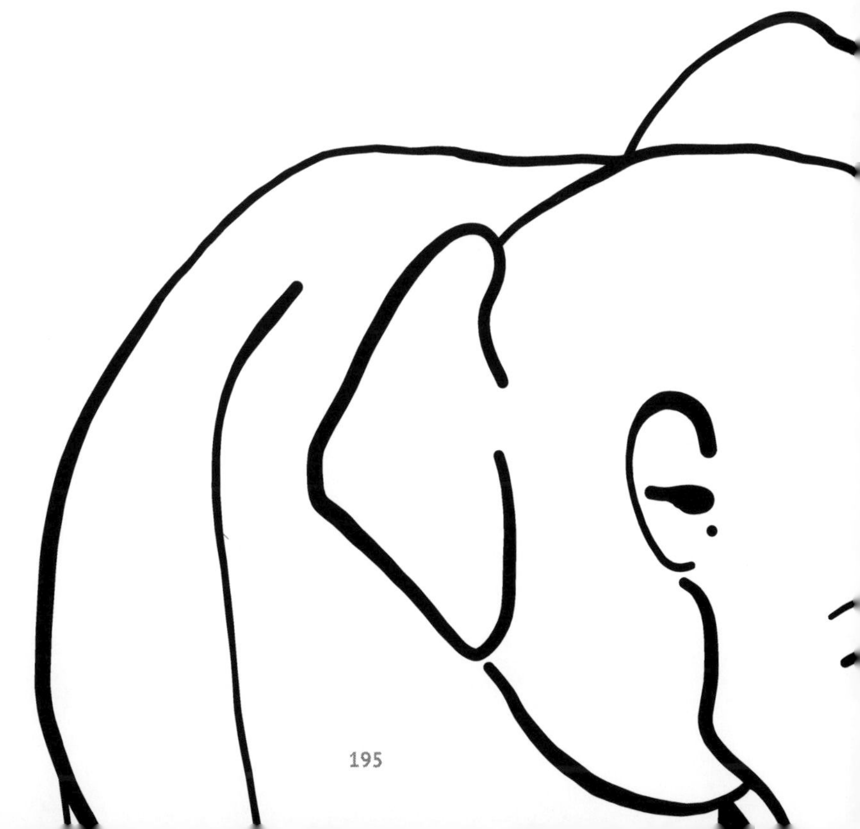

Das neue WIR

WIR
ICH
DU

„Was ist das Tapferste, das Du je gesagt hast?", fragte der Junge.
„Hilfe.", sagte das Pferd.

Charlie Mackesy

Wer bin ich? Wohin gehe ich? Und mit wem?

Ich erinnere mich noch gut daran, als ich auf der Treppe in meinem Haus saß und mich fragte, was wohl noch alles passieren muss, bis ich nicht mehr kann. Soeben hatte ich mit den Nachbarn mehrere hundert Liter Wasser aus dem Souterrain wieder dahin gebracht, wo es herkam. Nach draußen.

Mein Leben bestand zu dem Zeitpunkt aus Arbeiten, Schlafen und Essen. Mehr war nicht drin. Es gab Nächte, da lief ich im Hotel gegen Wände, weil ich da die Tür zum Badezimmer vermutete. Was witzig klingen mag, ist ein Alptraum. Ich vergaß zuweilen, wo ich war, woher ich kam und wohin ich ging. Ich funktionierte einfach, und zwar ziemlich gut. Ein Wasserschaden passte in diesen eng getakteten Plan überhaupt nicht hinein. Aber auch das konnte ich organisieren, hatte ich zwei Jahre zuvor doch schon den Probelauf hinter mich gebracht. Drei Monate später wusste ich, wo meine Grenzen sind. Als mein Mann mir sagte, er würde mich für eine andere verlassen, gab mein Körper auf. Ich bekam keine Luft mehr. Ich glaubte ersticken zu müssen. Alle möglichen Krankheiten gingen mir durch den Kopf, aber es war schnell klar, dass ich organisch topfit war. Zuviel Stress, meinte mein Arzt. Als ob ich das nicht selbst wüsste. Warum habe ich es laufen lassen? Keine Ahnung. Weil ich ehrgeizig bin? Weil ich gut bin? Weil ich glaube, dass es ohne mich nicht geht? Weil ich für alles und jeden Verständnis habe? Weil ich bescheuert bin?

Wenn nichts mehr geht, fängt man an nachzudenken. Und ich habe nachgedacht. Ich habe die Jahre Revue passieren lassen, habe mich gefragt, was in unserer Partnerschaft schiefläuft. Wie mein Mann mich in einer Phase, in der ich ihn wirklich mal gebraucht hätte, verlassen kann. Warum er sich mit einer anderen vergnügt.

Ich habe mich gefragt, ob ich weiterhin so leben möchte, so arbeiten möchte und ob es das alles wert war. Ich habe mich gefragt, wer ich eigentlich bin, was mir wichtig ist, was ich mit dem „Rest meines Lebens" anfangen will und vor allem mit wem.

Normalerweise fällt mir die Antwort auf die Fragen „Wer bin ich?" und „Was will ich?" leicht. Durch meine Ausbildung und meine Arbeit gehört die Reflektion zu meinem Leben wie das Atmen. Mich jedoch in dieser Ausnahmesituation zu hinterfragen war schwer. Ich hatte mich selbst verloren und fühlte mich unendlich allein. Tröstlich war, dass sich trotz allem vieles bestätigt hat. Ganz fremd war ich mir nicht. Ich habe aber manches neu entdeckt.

Bestätigt fand ich mich in der Aussage, dass es ein gewisses Maß an Selbstliebe braucht, um herauszufinden, wer man ist. Und um die beste Form der Liebe zu erfahren, muss man sich in- und auswendig kennen.[72] Eva-Maria Zurhorst behauptet sogar: „Liebe dich selbst und es ist egal wen du heiratest."[73] Ich musste ihren Buchtitel einige Zeit sacken lassen, um ihr zustimmen zu können. Nicht uneingeschränkt, aber in gewisser Weise hat sie recht. Auch Mohsen Charifi ist der Ansicht, dass ein Mensch, der sich gut kennt, ein klares Bild von seinen Stärken und Schwächen hat, in sich ruht und sich bejaht, in der Lage ist, die Welt, die Ereignisse und Situationen und andere Menschen realistisch einzuschätzen und mit ihnen zurecht zu kommen.[74]

Selbstliebe fiel mir zu der Zeit schwer. Ich fragte mich ständig, warum gerade mir das passierte und womit ich das alles verdient hatte. Meine Hilflosigkeit, meine Selbstzweifel, mein „Nicht-Gewollt-Sein" erschreckten mich.

Es fühlte sich an, als wäre ich ein kleines Mädchen, das man vergessen hat mitzunehmen. Vielleicht ist es auch das kleine Mädchen in mir, das sich bemerkbar macht. Nur weil ich heute erwachsen bin und ein paar Jahre mehr auf dem Buckel habe, sind die Zeit und die Verhaltensmuster davor ja nicht ausradiert. Manchmal muss ich mich selbst daran erinnern, keine Zwanzig mehr zu sein. Oder Dreißig. So manches Verhaltensmuster überdauert und ist sehr präsent. Ich kann mich beim Anblick von Schnee immer noch freuen wie ein Kind und fange mit ausgestreckter Zunge die Schneeflocken ein. Wenn meine Mutter uns zu Kartoffelpuffern einlädt, fühle ich mich wie Zehn. Großartig. Allerdings scheint sich dieses kleine Mädchen auch immer dann zu rühren, wenn ich bedürftig werde, wenn ich ängstlich bin, mich fürchte oder mich allein gelassen fühle. Mein Coach nennt sie „die Kleine", bei anderen ist es vielleicht das innere Kind, das dann Besitz von meiner Persönlichkeit ergreift und die Situation dominiert. In solchen Situationen ist „die Große", die Erwachsene in mir, gefragt, die für „die Kleine" da ist. Manchmal brauche ich aber jemanden von außen, einen Erwachsenen, der sich meiner und der Situation annimmt. Das habe ich unterschätzt – ich habe mich überschätzt. Ich war immer der Ansicht, alles ganz allein wuppen zu können. Ich wollte von niemandem abhängig sein. Niemals. Das jedoch ging am Ende nicht auf. Wie aber kann ich unabhängig sein und trotzdem „bedürftig“, ohne von anderen abhängig zu sein? Jorge Bucay spricht hier von einer Abhängigkeit, die er Selbstabhängigkeit nennt. „Ich weiß, dass ich mir in gewissen Situationen nicht selbst genüge, denn ich bin mir meiner Beschränkungen und Bedürftigkeit bewusst, aber um diese Beschränkungen und um diese Bedürftigkeit kümmere ich mich stets selbst."[75]

Für mich heißt das: Ja, ich bin für mich und mein Leben verantwortlich. Ich kümmere mich um mich selbst. Ich kann aber jederzeit um Hilfe bitten, ohne die Zügel aus der Hand zu geben, wenn das, was ich gerade brauche, nicht von mir selbst abhängt. Und ich lasse es mir nicht nehmen, jemandem eine Freude zu bereiten, Unterstützung anzubieten oder einfach nur da zu sein. Ich tue das aber aus Freude, vielleicht auch manchmal, weil es notwendig ist. In keinem Fall aber tue ich es, weil ich gefallen will oder um gut zu sein. Jetzt, wo ich das weiß, fällt es mir leicht, darüber zu schreiben oder zu reden. Aber es fällt nach wie vor nicht immer leicht, danach zu leben. Es genau so zu tun, tut aber unendlich gut, habe ich festgestellt. Interessanterweise habe ich von meinem Umfeld auch sehr positives Feedback bekommen, denn ich wurde klarer in der Kommunikation und im Auftreten. Als ich um Hilfe bat, war der eine oder andere erst sehr erstaunt, dann aber erfreut und willig, mich zu unterstützen. Allerdings – und das fällt mir immer noch schwer – muss ich es sehr deutlich formulieren, wenn ich Unterstützung benötige, sonst glaubt man mir nicht.

Sich selbst zu lassen, ist ein Prozess, sagt Bucay. Es ist eine unerschöpfliche Aufgabe, eine Herausforderung, die niemals abgeschlossen sein wird. Es bedeutet, sich seiner Stärken und Schwächen bewusst zu sein, klar vor Augen zu haben, was einem gefällt und was nicht, was man will oder nicht will[76] und dazu zu stehen. In der Psychologie spricht man hier von Selbstbehauptung, der Fähigkeit, sich nach außen hin (soziale Interaktion) der eigenen Grenzen und Rechte bewusst zu sein und diese kommunizieren zu können.[77] Oder einfacher formuliert: mutig zu sein, der zu sein, der man ist, auch wenn es einigen oder vielen nicht passt, wie man ist.

Mein „neues" ICH schien sich zu formieren. Für mich stellte sich dann die Frage: Wohin will ich eigentlich? Was will ich erreichen?

Mir war klar, dass es hier nicht um Ziele geht wie „Ich will in den Aufsichtsrat" oder „Ich will die nächste CEO werden". Ich hatte auch nie das Bedürfnis, das Spiel „Mein Haus – mein Auto – mein Pferd" zu spielen. Mir ging es mehr um die Frage: „Wie will ich eigentlich leben?"

Zu Beginn meines Beraterlebens hat man uns ans Herz gelegt, ein Buch von Stephen R. Covey zu lesen. „The 7 Habits of Highly Effective People" oder „Die 7 Wege zur Effektivität". Fasziniert war ich vom 2. Weg: „Schon am Anfang das Ende im Sinn haben". Das bedeutet, mit einer klaren Vision, einer klaren Vorstellung vom Ziel zu starten, um nicht Gefahr zu laufen, „leere Siege" zu erringen, die eventuell auf Kosten von Dingen gehen, die einem eigentlich wichtig sind – zum Beispiel Karriere auf Kosten des Privatlebens zu machen. Die Visualisierungsübung dazu hieß „Das eigene Begräbnis".[78] Ich habe mir vorgestellt, was verschiedene Personengruppen in ihrer Trauerrede idealerweise über mich und mein Leben sagen sollten. Keine leichte Übung. Am Ende hatte ich aber eine Antwort, die heute, nach mehr als zwanzig Jahren, immer noch Gültigkeit hat. Der Wortlaut mag sich im Lauf der Zeit verändert haben, aber die Bedeutung blieb die gleiche, auch nach der Trennung. Trotzdem habe ich alles nochmals kritisch hinterfragt. Mir wurde klar, dass die Frage „Wohin gehe ich?" für mich nicht wirklich relevant war. Geht es nicht eher um die Frage nach dem Sinn im Leben und wozu ich lebe? Darauf gibt es sicherlich unendlich viele Antworten. Ich fand die von Jorge Bucay definierten vier Kategorien ganz einleuchtend oder hilfreich:

Da gibt es diejenigen,

... die Spaß haben möchten.
... die nach Macht streben.
... die eine Mission erfüllen möchten.
... die nach Transzendenz suchen.[79]

Jeder entscheidet für sich, welchen Weg er in der gewählten Richtung gehen will. Für mich war und ist seit Jahren von Bedeutung, WIE ich diesen Weg gehen will. Vermutlich habe ich eine Mission. Solange ich mir treu bleibe und damit eine Richtung habe, ist jeder Weg der richtige und jedes Ziel ein willkommenes.

Meine Entscheidung, mein Wunsch oder auch meine Fähigkeit, nicht abhängig zu sein, und die Erkenntnis, in welche Richtung es gehen soll, stellten für mich eine wunderbare Basis dar, um zu überlegen, wer mein Wegbegleiter sein könnte. An dieser Stelle habe ich mich gefragt, ob das wirklich eine bestimmte Person sein muss oder ob es mehrere sein dürfen. Die Krise hat mir gezeigt, dass mir einige Menschen sehr wichtig sind. Sie bei diesen Gedanken außen vor zu lassen, erschien mir zu kurz gegriffen. Wegbegleiter sind für mich eher Menschen, die mir in einer bestimmten Phase des Lebens nahestehen. Vielleicht begleiten sie mich mein Leben lang, vielleicht auch nur ein kurzes Stück. Wenn ich an meinen Mann denke, dann wäre natürlich mein Wunsch gewesen, dass wir eine lange Zeit gemeinsam in eine Richtung gehen. An der Stelle gerieten meine Gedanken ins Stocken. Ich hatte nach der Sache so gar keine Lust mehr auf eine Paarbeziehung. Noch einmal so etwas zu erleben, kam gar nicht in die Tüte. Ich konnte mir gut vorstellen, allein weiterzuleben. Darauf war ich eingerichtet.

Doch dann stand er wieder vor der Tür und wir entschieden uns, einen Neustart zu wagen. Aber passen wir überhaupt zusammen? Oder haben wir uns all die Jahre nur etwas vorgemacht? Wie kann ein solches Zusammensein aussehen, wenn ich mir und meinem Weg treu sein will? Wenn mein Mann ebenso sich und seinem Weg treu sein möchte?

Bucay sagt, die Paarbeziehung ist weder ein Gefängnis noch ein Ort, an dem man eingeengt oder gefangen gehalten wird, sondern ein Weg zur Entwicklung zu zweit. Ein anspruchsvoller und vielleicht riskanter Weg, aber zweifellos einer der schönsten und ergiebigsten, die man wählen kann.[80]

Für mich bedeutet eine Beziehung, dass das Ganze mehr ist als die Summe seiner Teile. Wir entscheiden uns, eine Zeit lang gemeinsam in eine Richtung zu gehen, um ein WIR zu erleben. Ein WIR, das eben mehr ist als nur 1 + 1 = 2. Und beide Partner entscheiden sich jeden Tag aufs Neue füreinander oder eben auch nicht. Aber dann gehe jeder seines Weges, weil er weiß, wer er ist und weil er weiß, wohin er gehen will. Schön wäre es jedoch, wenn wir noch lange gemeinsam wandern.

Weiß du, wer du bist? Wohin willst du? Und mit wem?

Man kann nicht zweimal im selben Fluss baden. Weder trägt der Fluss noch dasselbe Wasser, noch bin ich derselbe.

Heraklit

Wie kann ein Neustart gelingen?

Valentinstag. Der erste nach unserer Trennung und dem Neustart. Was, wenn ich ihn mit einem Geschenk überrasche, denke ich mir und durchforste das Internet nach etwas Passendem. Na ja, wenn es um den Valentinstag geht, geht es um Liebe. Die Ideenkiste ist entsprechend voll von Romantikwochenenden, Herzen und irgendwelchen Accessoires mit den Namen beider Liebenden. Der Fantasie sind hier keine Grenzen gesetzt. Doch irgendwie passt nichts davon richtig zu uns, bis auf das Wochenende vielleicht. Was mir während der Suche aber sofort bewusst wird, sind meine Gefühle für ihn. Ich komme mir vor wie ein Teenager, der hofft, dass der Typ, in den er sich verliebt hat, diese Liebe auch wirklich erwidert und es ehrlich meint. Außerdem habe ich noch seine Nachricht zum letzten Valentinstag im Kopf. Er war auf Geschäftsreise und schrieb mir, dass Valentin ein schöner Anlass sei, etwas intensiver an mich zu denken. Er wünschte mir einen schönen und erfolgreichen Tag und verabschiedete sich mit „ich denke an dich... Dicken Kuss... ich liebe dich..." Er war zu der Zeit aber auch bereits seit einem Jahr mit einer anderen zusammen. Was für ein Arsch. Spätestens jetzt verging mir wieder die Lust auf ein Valentinstagsgeschenk.

Wie soll ich erkennen, dass er es jetzt ernst meint? Also habe ich nichts gekauft. Ich konnte es einfach nicht. Warum geht das nicht mehr? Wir waren uns so vertraut, und jetzt? Manchmal schaue ich ihn an und frage mich, wer dieser Mensch eigentlich ist? Wie kann ich ein Geschenk aussuchen, wenn ich in ihm immer nur den Betrug und die Lügen sehe? Dabei möchte ich IHN so gern wieder sehen, ohne den ganzen Scheiß.

Ich berichtete meiner Freundin davon und sie erzählte mir Ähnliches.

Sie hatte sich zu einem Malkurs angemeldet und wollte auf diesem etwas anderen Weg versuchen, ihre Trennung zu verarbeiten. Während der Kurswoche entstanden viele wunderbare Bilder zu verschiedensten Aspekten der Trennung. Zum Abschluss des Kurses hatte sie das tiefe Bedürfnis, ein neues Bild ihres Partner auf die Leinwand zu bringen. Aber es funktionierte einfach nicht. „Ich schaffe es noch nicht, nur IHN zu sehen, ohne den ganzen Rest. Aber vor der leeren Leinwand sitzend ist in mir die tiefe Überzeugung gereift, dass das irgendwann wieder möglich sein wird. Zu mehr war die Zeit nicht reif und das ist ok“, sagte sie mir traurig.

Die Paartherapeutin Ester Perel ist der Ansicht, dass Beziehungen durch Affären besser werden können. Sie sagt aber auch: „Kommt ein Paar infolge von Untreue zu mir, ist für mich klar: Die erste Ehe ist vorbei. Deshalb frage ich: „Sind Sie bereit für eine zweite Ehe?“[81]

Ein Neuanfang mit einer vertrauten Person, wie geht das eigentlich, frage ich mich? Rutscht man da nicht automatisch in alte Muster zurück? Jepp. Und genau das ist das Problem. Nur weil man sich entschieden hat, wieder zusammen zu sein, ist es nicht neu. Im Gegenteil.

Wenn man sich kennenlernt, ist alles neu. Allmählich wird das Fremde im anderen vertrauter. Jedes Zusammensein deckt Neues auf. Wir lernen den anderen kennen, lieben bestimmte Dinge und akzeptieren seine Macken. Es dauert seine Zeit, aber dann hat man sich aufeinander eingeschwungen. Mit einer Affäre im Nacken wird zwar alles in Frage gestellt, aber irgendwie ist der Partner immer noch derselbe Partner. Das, was ihn oder sie ausmacht, ist ja nicht verschwunden, nur weil einer von beiden auf Abwegen war. Und doch scheint alles irgendwie anders zu sein.

Ich war mir sicher, dass ich nicht einfach da weiter machen wollte, wo wir vor der Trennung waren. Irgendetwas hat ja dazu geführt, dass wir uns so weit voneinander entfernt hatten. Also galt es jetzt herauszufinden, wie wir miteinander umgehen wollen, damit die Beziehung nicht wieder abstürzt. Im Job würde man jetzt eine nette Location buchen, einen Moderator engagieren, sich ein paar Tage in Klausur begeben, Ziele definieren und an den Themen arbeiten, um dann hochmotiviert mit einer langen To-do-Liste in die Umsetzung zu gehen.

Und was haben wir gemacht? Wir haben versucht, uns zu Hause zu sortieren und sind – schwuppdiwupp – zur Tagesordnung übergegangen. Der Job, der Alltag und die Kinder haben uns so auf Trab gehalten, dass wir schnell wieder genau da waren, wo wir nicht sein wollten. Ratlos blickten wir uns an. Woher nehmen wir die Zeit, um zu reden? Wie finden wir heraus, was genau wir anders machen sollen? Und wie schaffen wir es, das dann auch umzusetzen? Ein Plan musste her.

Also haben wir bewusst Zeit für uns reserviert. Wir haben uns überlegt, was uns wichtig ist und uns darauf geeinigt, wie wir künftig miteinander umgehen wollen. Wir wollten die ganze Geschichte gemeinsam aufarbeiten. Dazu gehörte auch, dass ich Fragen stellen durfte, bis der Arzt kommt und er sie geduldig beantwortete. Wir wollten uns beide Gedanken machen, was wir zukünftig erwarten und was wir zukünftig nicht mehr wollen. Wir haben uns versprochen, dass wir ein Thema sofort ansprechen, sobald irgendetwas in uns ein ungutes Gefühl aufkommen lässt. Lieber einmal zu viel als einmal zu wenig. Die Struktur half uns. Das klang erstmal gut und es tat auch gut. Was war, ist vorbei und das was kommt, ist unklar. Wir stehen am Anfang.

Ich war zwar immer der Ansicht, dass man an seiner Beziehung arbeiten müsse. Aber jetzt weiß ich, dass es stimmt. Dabei geht es nicht darum, alles zu zerreden, sondern offen zu sein, sich nicht einfach abzuwenden, wenn man unzufrieden ist und die Themen sofort anzusprechen, nicht erst, wenn das Kind schon in den Brunnen gefallen ist.

Im Coaching erleben wir häufig Menschen, die darunter leiden, ganz lange geduldig zu sein und dann plötzlich auszurasten. Wir versuchen dann herauszuarbeiten, ab welchem Zeitpunkt das Fass überläuft und ob es Anzeichen dafür gibt, dass der Pegel steigt. Ziel dieser Übung ist es, Muster zu unterbrechen. Wenn frühzeitig erkannt wird, dass etwas nicht stimmt, kann ich den Ausraster vermeiden oder zumindest kontrollieren.

Solche Muster entdecke ich auch bei uns immer wieder, so zum Beispiel, als mir mein Mann erzählte, dass sein Arbeitgeber nach der coronabedingten Auszeit im kommenden Frühjahr wieder mit Normalbetrieb rechne. Damit wäre er als erfahrene Führungskraft gefordert. Ich erwischte mich dabei, dass ich – wie immer – großes Verständnis hatte. Es ist ja in dieser Zeit nicht selbstverständlich, einen Job zu haben, schon gar nicht in seiner Branche. Wer bin ich, ihm da im Weg zu stehen. Mein Verständnis für alles und jeden nahm wieder überhand. Doch da war ein Störgefühl. Wenn er im Frühjahr gefordert sei, würde das bedeuten, dass er keinen oder nur wenig Urlaub machen könnte. Wir brauchten diese Zeit aber für uns, gerade jetzt. Früher hätte ich es akzeptiert und mich vertröstet bis zum nächsten Mal. Genau das wollte ich aber nicht mehr. Also habe ich meine Sorgen kundgetan. Er hat es verstanden, ihm war es genauso wichtig und entsprechend informierte er seinen Arbeitgeber. Das wäre früher so nicht gewesen.

Andersherum war es ähnlich. Wenn ich gestresst bin, ziehe ich mich zurück und funktioniere. Reiner Selbstschutz. Meinen Mann verunsichert das, und er fragt nach, ob dieser Rückzug etwas mit ihm zu tun hat. Doch das stresst mich in der Regel noch mehr. Ergebnis: Ich bin genervt und patzig, er enttäuscht. Täglich grüßt das Murmeltier.

Das Gute ist, dass wir die Muster jetzt erkennen und achtsamer im Umgang miteinander sind. Eine betroffene Frau erzählt uns von einem ähnlichen Beispiel: „Mein Mann war mit den Jungs im Wald unterwegs. Als sie zurückkamen, machten sie den „Mud Masters of Obstacles“ alle Ehre: Von oben bis unten voll mit Schlamm führte der Weg anstatt durch die Haustür direkt in die Waschküche. In Gedanken schimpfte ich vor mich hin. Die Vernünftige wieder. Wie kann man nur? Was für eine Sauerei! Und wer macht das wieder weg? Ich! Ich habe mich gar nicht mehr eingekriegt. Aber dann sah ich die leuchtenden Augen. Nicht nur bei den Kindern. Auch bei meinem Mann. Da ist es, das Kind im Manne. Lebensfreude pur. Und da hat es „klick" gemacht. Wenn ich ein wenig unvernünftiger sein würde und mich von meinem Mann hin und wieder anstecken ließe, könnte er „kindisch" sein und die Leichtigkeit genießen, die er so schmerzlich vermisst hat. Dafür darf ich ihn hin und wieder bremsen, wenn seine Euphorie überhandnimmt. Deal!“

Genauso wünsche ich es mir für unsere Beziehung. Ich möchte, dass mein Mann mir sagt, wenn er sich mit etwas unwohl fühlt oder etwas braucht, was ich ihm gerade scheinbar verwehre. Nein, wir bilden keinen Stuhlkreis, sobald ein Pups quer sitzt. Aber wir hören genauer in uns hinein und prüfen, was wir gerade brauchen.

Im Laufe der vielen Gespräche ist uns klar geworden, dass unsere Liebe nicht ewig währt. Es kann uns jederzeit wieder passieren, dass einer von uns beiden aufhört, den anderen zu lieben. Daher schätzen wir nun jeden Tag, den wir zusammen sind und spüren, dass wir uns immer noch lieben. Brauchen wir wirklich immer einen so herben Aufprall, um die Fülle in unserem Leben zu erkennen?

Neu heißt für uns neu, in jeder Hinsicht. Nicht neu wie ein frisch verliebtes Paar. Eher neu, weil wir jeden Stein umdrehen, alles hinterfragen. Manches darf bleiben, anderes lassen wir und vieles wird neu definiert. Es hat etwas von „sich neu kennen lernen" auf eine vorsichtige, aber auch irgendwie schräge Art.

Kommst du mit
ihr wie mit mir?
Berührt sie dich
so wie ich?
Kommt sie mit
dir überall hin?
Machst du's mit
ihr so wie wir?

Songtext von Sarah Connor

Sex mit dem Ex-Ex *haha*

Und plötzlich stand er wieder auf der Matte. Ich wusste nicht, ob ich lachen oder weinen sollte. Ihn dann aber wieder zu spüren, ihm nahe zu sein, tat so unglaublich gut. Es schien uns leicht zu fallen. Es fühlte sich vertraut an und doch so fremd. Ich hörte in mich hinein. War irgendetwas anders? Oder genauso wie immer? Hat sie ihm etwas beigebracht? Waren sie experimentierfreudiger? Plötzlich flimmerten Bilder vor meinen Augen, wie er mit ihr genau das machte, was er gerade mit mir machte. Ein Mann verändert schließlich nicht sein (Sex-)Verhalten. Oder doch? Dann fragte ich mich: War sie sexy? War ihr Hintern straffer als meiner? Ihre Brüste größer? War sie schlanker als ich? Konnte sie besser blasen? Findet er meinen Körper inzwischen langweilig? Fehlt ihm etwas?

Welchen Stellenwert hat Sex eigentlich in Beziehungen?

Der Stellenwert von Sex dürfte in jeder Beziehung etwas anders ausfallen, da die Menschen nun mal höchst unterschiedlich sind. Trotzdem scheint in Deutschland die Aktivität im Bett mitunter sehr wichtig zu sein. Befragt man Ratgeber oder das Internet, dann ist wenig und/oder schlechter Sex zusammen mit fehlender Kommunikation darüber einer der wichtigsten Trennungsgründe. Daraus lässt sich ableiten, dass für viele Menschen die sexuelle Erfüllung ein wichtiger Bestandteil der eigenen Partnerschaft ist. Schützt man seine Beziehung, indem man häufig genug in die Kiste springt? Ist mein Mann deshalb fremdgegangen? Weil der Sex nicht ok war?

In ihrem Buch „Liebe würde Slow Sex machen" teilen Samuel und Yella Cremer sexuelle Bedürfnisse in zwei Kategorien ein: auf der einen Seite geht es um Leidenschaft, Begierde, Lust und Orgasmus. Auf der anderen Seite um Nähe, Bestätigung, Zuneigung und Verbundenheit.

In unserer Sexualität mäandern wir zwischen diesen Seiten und haben abhängig von Geschlecht, persönlichen Neigungen, Lebensphasen, Tagesform und Laune sehr unterschiedliche Bedürfnisse. Die wenigsten Paare sprechen offen darüber, wonach ihnen gerade ist.

In unseren Kulturkreisen wird unter Sex meist verstanden, dass es mit mehr oder weniger Vorspiel zum eigentlichen Geschlechtsakt und dem erlösenden Höhepunkt kommt. Diese Vorstellung, dass jede intime Begegnung im Geschlechtsakt endet, kann Männer wie Frauen unnötig unter Druck setzen. Sex ist eine Form von Kommunikation, und mit den Jahren ist auf der Tonspur „Rein-Raus" eben alles gesagt. Wie oben bereits beschrieben, stellen sich jedoch viele positive Effekte von Körperlichkeit auch dann schon ein, wenn man sich körperlich nah ist: beim Kuscheln, Massieren, Küssen oder Haut an Haut beieinander liegen. Die Bandbreite von Sex ist also deutlich größer als das übliche „Rein-Raus". Und es ist völlig ok, wenn Sex sich mit den Jahren anders anfühlt als am Anfang einer Beziehung. Meist nicht schlechter, sondern reifer.

In seinem Buch „Die 5 Sprachen der Liebe" nennt Gary Chapman neben Lob und Anerkennung, Geschenken und Hilfsbereitschaft auch die Sprachen Zärtlichkeit und Zweisamkeit. Zärtlichkeit meint hier die körperliche, sexuelle Begegnung. Zweisamkeit bedeutet, sich bewusst Zeit füreinander zu nehmen und gemeinsame Erlebnisse zu schaffen. Damit zeigt sich auch hier die große Bandbreite, wie sich Liebe und Zuneigung ausdrücken und vertiefen lässt.

Es muss kein schlechtes Zeichen sein, wenn nach vielen Jahren Partnerschaft in Sachen Sex nur noch wenig läuft.

Wissenschaftlich ist der Zusammenhang erhärtet: Sofern nicht schon jedes Interesse füreinander erloschen ist, deuten seltenere Intimkontakte in einer längeren Paarbeziehung sogar darauf hin, dass sich beide Partner geborgen fühlen und keiner ständigen Liebesbeweise bedürfen. Sie müssen nicht befürchten, dass einer die Beziehung bald verlassen wird. Der sparsame Sex spricht für eine feste Bindung und wenig Verlustangst. Wer ständig mit dem langjährigen Partner Sex haben will, mahnt die Wissenschaft, ist sich seiner Sache hingegen nicht so sicher, und muss sich daher immer wieder vergewissern, dass die Beziehung noch hält. „Dauerhafte Sicherheit und häufiger, guter Sex schließen sich aus“, sagt die Psychotherapeutin Kirsten von Sydow von der Universität Hamburg. Dazu kennt man sich einfach zu gut – und dann ist es schwer, den anderen noch zu überraschen. Deshalb ist es aus wissenschaftlicher Sicht absolut nachvollziehbar, wenn Paare von ihrer „reifen Liebe“, einer „neuen Phase der Partnerschaft“ reden oder davon, dass „Sex sowieso überschätzt“ wird: Sie sind in einem besonders stabilen Stadium ihrer Beziehung angekommen – oder stehen kurz vor der Trennung.[82]

Wäre schade, wenn das wirklich immer so ist. Und irgendwie steckt da doch der Wurm drin. Auf dem Weg zum stabilen Stadium der Beziehung biegen viele ab zurück auf Los. Zum aufregenden Sex in der Verliebheitsphase. Wenn wir an diese Zeit denken, haben wir alle lebendige Bilder im Kopf. Alles ist neu und aufregend. Wir begeben uns auf fremdes Terrain. Sex mit einem fremden Menschen kann aufregend erotisch sein. Das geht natürlich in einer Beziehung mit der Zeit verloren. Man kennt sich, weiß, was der andere mag und was er nicht mag, hat das eine oder andere ausprobiert, ist mutiger geworden.

Das kann ungeahnte Horizonte eröffnen. Oder eben auch nicht, und der Sex wird zur Gewohnheit. Einmal die Woche. Sonntags. Erst Tatort gucken und dann Sex. Oder doch lieber Golf spielen? In sehr vielen längeren Beziehungen gibt es eine Phase, in der die Sexualität einschläft.

Wenn ich zurückblicke, war unser Sex während seiner Affäre doch anders. Nicht mehr so häufig. Nicht mehr so liebevoll. Eher „abarbeitend". Mein Mann sagte in der Zeit, in der wir uns einander wieder annäherten, dass sich in Sachen Sex irgendwann auch bei uns etwas verändert hatte. Er konnte nicht mehr sagen, wann das war, wann es angefangen hat. Ihm sei aber aufgefallen, dass ich weniger Lust hatte, weniger Nähe gesucht habe. Er erinnerte sich, dass er nach einer langen Geschäftsreise nach Hause kam und wir in den ersten Nächten keinen Sex hatten. Er fragte sich, ob es an ihm läge. Mehr noch, er machte sich Gedanken, ob ich womöglich jemanden kennen gelernt hätte, wo er doch derjenige war, der zu der Zeit bereits fremdgevögelt hat. Er erinnerte sich, dass wir immer sehr schönen Sex hatten, verspielt, wir haben Dinge ausprobiert und auch das Vorspiel genossen. Das sei anders geworden und hat sich mehr auf den Akt beschränkt. Er hatte manchmal das Gefühl, ich wollte gerne schnell fertig sein und dann schlafen, was eher eine männliche Ambition sei.

Es hat uns irritiert, dass viele Frauen bestätigt haben, der Sex sei – rückblickend betrachtet – in der Zeit der Affäre(n) eingeschlafen oder zum Pflichtprogramm geworden. Die eine machte sich Sorgen, ob ihr Mann Erektionsstörungen habe und überlegte, wie sie das „wertschätzend" ansprechen könnte. Eine andere stellte fest, dass es weniger abwechslungsreich wurde und schob es auf den Stress im Job.

Wieder andere waren irgendwie froh, dass es weniger häufig wurde, weil sie selbst nicht so richtig Lust hatten und griffen bei den wenigen Malen auf ihre Kenntnis zurück. Schließlich kennt jede ihren Mann und seine Druckknöpfe. Wenn man die richtigen drückt, dauert es auch nicht lange. Kenne ich. Ich erinnere mich gut an die Zeit. Ich war damals ständig auf Geschäftsreise, gestresst, überarbeitet, müde und genervt. Nach Sex war mir nicht wirklich. Aber muss MANN dann gleich eine andere flachlegen?

Sex ist also in jeder Hinsicht ein wichtiges Thema, nicht nur in Bezug auf die Trennung, sondern auch beim Neustart. Nur weil wir wieder zusammen sind, sind wir ja nicht automatisch auf Wolke 7. Ich hatte mir darüber gar keine Gedanken gemacht. Es fiel mir erst auf, als mein Mann mir sagte, er fühle sich mir langsam wieder nahe. Wie jetzt, fragte ich, wie meinst du das? Es war so, wie er sagte. Die Entscheidung, wieder zusammen zu leben, Sex zu haben und ein neues WIR zu leben, bedeutet nicht automatisch, sich dem anderen wieder nahe zu fühlen. So wie mein Vertrauen in ihn wieder wachsen muss, so muss bei ihm das Gefühl der Nähe wieder wachsen.

Es gab Zeiten, da tauchten im Bett plötzlich Bilder von ihm und ihr vor meinem geistigen Auge auf. Ich ertappte mich dabei, wie mein Jagdinstinkt wach wurde. Ich dachte, ich muss etwas beweisen, besser sein, unser Sexleben auffrischen und sprudelte vor Ideen, bis mir klar wurde, was ich da mache.

Dann gab es Zeiten, da schaute ich ihn an und es ekelte mich der Gedanke daran, wo seine Zunge überall gewesen war, was seine Finger entdeckt hatten und wie er in sie eindrang. Widerlich.

Wenn er davon erzählte, dass der Sex neu und berauschend war, so anders, war ich kurz davor, mich zu übergeben. Ich habe ihn einmal gefragt, wie es ihm ginge, wenn ich das alles gemacht hätte. „Unvorstellbar", sagte er. Wie recht er hatte. Unvorstellbar.

Mittlerweile habe ich wieder ruhigere Fahrwasser erreicht. Nicht in Bezug auf den Sex, sondern auf die Bilder im Kopf. Der Sex ist immer noch irgendwie aufregender, so, als ob die Affäre unser Sexleben aufgefrischt hätte. Nur manchmal frage ich mich noch, ob der Sex mit der anderen nicht doch Einfluss auf unseren hat. Ein wenig anders ist es schon. Aber nur ein wenig. Bei dem Gedanken, ob ich ihr dafür dankbar sein müsste, würge ich schon wieder.

„Ich liebe dich"
zu sagen, dauert
Sekunden.
Dir es zu
erklären, dauert
viele Stunden.
Es dir zu
beweisen,
ein Leben lang.

Unbekannt

Was bedeutet es, wenn du sagst „Ich liebe Dich"?

„Frohes neues Jahr. Ich liebe dich." Fassungslos schaue ich auf das Bild, das mir mein Mann damals an Silvester geschickt hatte, als er arbeiten musste. Hätte nur noch gefehlt, dass er „Du fehlst mir" dazu schreibt. Warum fassungslos? Weil er just zu der Zeit mit einer anderen Frau zusammen war. Womöglich hat er ihr das gleiche Bild geschickt? Womöglich war sie sogar bei ihm.

Ich werde wohl nie verstehen, warum die Kerle „ich liebe dich" zu ihrer Partnerin sagen, obwohl sie parallel was anderes laufen haben. Das ist doch schlicht gelogen. Für mich ist Liebe ein Ja zum anderen. Wenn ich parallel zu meiner Beziehung mit einem anderen zusammen bin, dann sage ich doch nicht ja zu meinem Mann? Dann stelle ich die Gefühle für meinem Mann doch in Frage? Was also bedeutet dann ein „ich liebe dich" in so einer Situation?

Wenn wir „ich liebe dich" sagen, sind das unterschiedliche Gefühle. Zu dieser Überzeugung kommt zumindest Marshall Rosenberg und sagt mit seinem Buchtitel provokant „Liebe ist kein Gefühl!".[83] Im ersten Moment hat mich diese Aussage irritiert, widerspricht sie doch der landläufigen Meinung, Liebe sei das reinste Gefühl, zu dem wir fähig sind. Doch näher betrachtet, wird diese Aussage, Liebe sei kein Gefühl, durchaus nachvollziehbar. Liebe ist nicht flüchtig wie Gefühle. Sie ist eher dauerhaft. Für mich fühlt sich Liebe wie eine Art Grundhaltung an, aus der andere Gefühle entstehen und wachsen. Ich habe überlegt, was in mir vorgeht, wenn ich „ich liebe dich" sage. Manchmal ist es unbändige Freude, weil der Augenblick so großartig ist, manchmal Leidenschaft, weil ich mich dem anderen so nahe fühle, manchmal die Geborgenheit, weil es einfach wunderbar ist, dass wir uns haben, oder einfach nur ein Dankeschön, weil er für mich da ist.

Vielleicht hat mein Mann an jenem Silvester darüber nachgedacht, dass es doch ganz schön ist, mit mir zusammen zu sein und war mir in diesem Augenblick ganz nahe. Oder er wollte nur sicher gehen, dass er sich das, was wir haben, sicherheitshalber warm hält und war einfach nur dankbar. Vielleicht war er aber auch nur erleichtert und froh darüber, dass ich nicht wusste, wie sehr er mich hintergeht. Oder war es einfach nur Gewohnheit?

Was auch immer ihn dazu bewegt hat, mir diese drei Worte zu schicken, für mich fühlte es sich an wie eine Farce. Was jedoch viel schlimmer ist: Wie unterscheidet sich sein „ich liebe dich" heute von dem aus der Zeit mit der Tante? Wie kann ich erkennen, dass er es jetzt ernst meint? Mein inneres Team läuft zur Hochform auf: „Frag ihn!", „Und dann? Er lügt mich doch sowieso wieder an", „Tut er nicht! Er hat doch gesagt, er will nur dich", „Hah, das hat er schon mal behauptet und ist wieder mit ihr ins Bett gehüpft", „Er wird nie ehrlich sein. Wer einmal lügt, lügt immer wieder", „Gib ihm eine Chance!" Es ist zum Mäusemelken. Am Ende nehme ich sein „ich liebe dich" zur Kenntnis, aber es bleibt bedeutungslos. Ich spüre einfach… nichts.

Marshall ist der Ansicht, dass es viel bereichernder für unser Gegenüber ist, wenn wir wirklich innehalten und klar sagen, worauf genau wir reagieren, wie wir uns fühlen und welches Bedürfnis erfüllt ist, als einfach nur „ich liebe dich" zu sagen. Das klingt für mich sehr einleuchtend. „Ich liebe dich", das kann alles und nichts bedeuten. Der Empfänger ist beliebig austauschbar, zumindest empfinde ich das nach der Affäre so. Deshalb kriege ich die drei Worte nicht über die Lippen.

Leichter fällt es mir, wenn ich sage:
„Es ist schön, dass du gerade da bist."
„Es fühlt sich gut an, dich jetzt so zu spüren."
„Du siehst heute toll aus."
„Danke, dass du das für mich tust."
„Ich freue mich über das, was du mir gerade gesagt hast."
„Bei diesem Geschenk hast du dir richtig Gedanken gemacht, das macht mich gerade wirklich glücklich."

Solche Sätze sind konkret. Sie beziehen sich auf das, was gerade zwischen mir und ihm geschieht. Sie erfassen den Moment, implizieren kein Versprechen auf die Zukunft, die ja keiner von uns kennt. Sie lassen nicht zu, dass Liebe zu einer Hülle, zur Gewohnheit oder Selbstverständlichkeit wird.

Interessanterweise ist das auch der Tenor des Buches „Die fünf Sprachen der Liebe" von Gary Chapman. Er vertritt die Ansicht, dass Liebe ein Bedürfnis sei. Die spannende Frage ist, welches Bedürfnis er oder sie hat bzw. was der eine vom anderen braucht, um sein Bedürfnis nach Liebe zu erfüllen. Oder anders ausgedrückt: Wenn jeder von uns seine eigene Liebessprache spricht, wie lässt sich diese „Fremdsprache" dann erlernen? „Frag ihn!" Frag ihn, warum er gerade jetzt sagt, dass er dich liebt. Frag ihn, was genau er liebt. Manchmal ist die Antwort wunderbar. Manchmal aber auch einfach nur doof wie in meinem Fall. Als ich ihn fragte, was er so sehr an mir liebt, wählte er genau die Worte, mit der er diese Tante beschrieben hatte, für die er mich verließ. Stell keine Fragen, auf die du die Antwort nicht hören möchtest.

Erkennt-
nisse

Intimität
Leidenschaft
Vertrautheit

In der
Umarmung
der Geliebten
fühlt sich
der Verliebte
von der Welt
umarmt.

Mohsen Charifi

Lieben oder verliebt sein?

„Wir waren fast 20 Jahre zusammen. Ich dachte, ich kenne meinen Mann. Ich dachte, er wäre zu so etwas nicht fähig. Habe ich mich so in ihm getäuscht? Ich erkenne ihn einfach nicht wieder." Ständig hörte ich mich diese Sätze sagen, wenn Freunde mich zu unserer Trennung befragten. Auch meinen Mann fragte ich immer und immer wieder, was denn in ihn gefahren sei. Gar nicht als Vorwurf, ich wollte es wirklich verstehen und begreifen.

Mag sein, dass er mich nicht mehr liebt. Sowas kann geschehen und ich bin die Letzte, die bereit wäre, ohne Liebe eine Beziehung aufrecht zu erhalten. Aber hunderte Kilometer weit weg ziehen, die Kinder zurücklassen, für die er immer alles getan hatte und die ihn abgöttisch liebten? Wir hatten so oft genau darüber gesprochen, wenn sich Bekannte trennten. Dass genau das für uns unvorstellbar war.

Seine Antwort war immer die gleiche: „Ich hätte mir das selbst auch nie vorstellen können. Die Begegnung mit dieser Frau hat mich einfach umgehauen." Ich weiß noch, dass ich mich nach solchen Sätzen besonders elend gefühlt habe. Irgendwie zweitklassig und ohnmächtig, in einen unfairen Kampf gegen einen übermächtigen Gegner verwickelt. Vielleicht suchte ich deshalb so akribisch nach einer Erklärung für diesen Sinneswandel. Es schien, als würde alles Alte nicht mehr von Interesse sein, keinen Bestand mehr haben. Alles Neue hingegen, was mit dieser Frau in Verbindung stand, war für ihn großartig. Voller Superlative!

„Verliebtsein ist ein süßes Gift", schreibt Mohsen Charifi in seinem Buch „Ein Tag mit der Liebe". Darin heißt es weiter: „Der Blick der Verliebten verengt sich, die reale Welt wird auf das reduziert, was der Verbindung zur geliebten Person dient.

Alte Gewohnheiten, Freunde, Regeln, Gebote und Verbote werden im Tempel des gemeinsamen Glücks geopfert. […] Der Verliebte erlebt sich als einen anderen Menschen, einen Menschen, der lust- und kraftvoll, enthusiastisch und stark, erfüllt und vollkommen ist."[84]

Genau so habe ich ihn erlebt, zumindest am Anfang. Innerhalb kürzester Zeit brach er alle Zelte ab, ließ einfach alles, was ihm einst wichtig war, hinter sich: sein Zuhause, seine Familie, seine Freunde. Ich konnte nur daneben stehen, wohl wissend, welchen hohen Preis er gerade zahlte. Mit der Zeit ging es ihm emotional zunehmend schlechter, aber ich drang nicht zu ihm durch. „Rückblickend", so sagt er, „waren das wohl die ersten Zweifel, aber ich wollte es mir nicht eingestehen. Es musste einfach funktionieren." In großer Sorge und unter Tränen flehte ich ihn an, sich doch mal mit seinen alten Freunden zu treffen. Ich war sicher, es würde ihm gut tun. Sie kannten ihn wirklich und er hätte einfach mal wieder nur er selbst sein dürfen. Aber die Scham oder war es Stolz waren wohl zu groß.

Stolz, das war auch so ein Thema. „Hast du eigentlich gar keinen Stolz?", fragte mich meine Kollegin, als ich ihr erzählte, dass ich mit meinem Mann trotz der Affäre zusammen bleiben wollte. „Liebe kennt keinen Stolz!", sagte ich nur und im gleichen Moment fragte ich mich, was Liebe eigentlich ist?

Verliebtsein? Liebe? Worin liegt der Unterschied? Warum liebe ich diesen Mann? Immer noch? Trotzdem? Wenn ich jemanden liebe, dann ist mir dieser Mensch wichtig, ich interessiere mich für das, was er tut, wie es ihm geht, was er mag und was ihn verletzt. Vielleicht bin ich ja zu einfach gestrickt und das alles ist gar keine Liebe.

Meine größte Sorge ist, dass ich womöglich nur bei ihm bleibe, weil er mein Prinz Charming oder der Vater meiner Kinder ist, ich geblendet bin und das für Liebe halte. Und was ist im Gegenzug das, was ihn mit dieser Frau so umgehauen hat?

Auf die Frage „Was bedeutet Liebe?" gibt es keine allgemeingültige Antwort, denn jeder Mensch definiert Liebe anders und individuell für sich. Im Duden findet sich beispielsweise folgende Definition: „Starkes Gefühl des Hingezogenseins; starke, im Gefühl begründete Zuneigung zu einem (nahestehenden) Menschen". Zudem kann Liebe beispielsweise auch auf geistiger Anziehung beruhen und muss nicht immer körperlich sein.

Starke Gefühle des Hingezogenseins verspürt man ja auch, wenn man verliebt ist. Problem: Liebe und Verliebtheit sind nicht das Gleiche, das wird aber gerne so gesehen. „Liebe ist eine schwere Geisteskrankheit", soll schon Platon gesagt haben, wobei auch er wohl eher das Verliebtsein gemeint hat.

Verliebtsein ist groß- und einzigartig. Und Hand aufs Herz: Wer liebt es nicht, dieses Gefühl, sich zu verlieben. Es ist die schönste Sache der Welt. Na ja, fast. Alles fühlt sich leicht an. Wir haben Schmetterlinge im Bauch, der Sex fühlt sich frisch und belebend an, wir fühlen uns begehrt, gesehen, wertgeschätzt, einfach großartig.

Wissenschaftlich betrachtet ist es das Ergebnis eines geschickt gemixten Hormoncocktails, weniger eine Herzensangelegenheit. Ein Blick auf die einzelnen Bestandteile des Frisch-Verliebt-Cocktails verrät, dass dieser Drink es echt in sich hat. Er enthält nicht nur jede Menge Glückshormone (Dopamin, Serotonin), sondern auch noch Phenylethylamin.

Dabei handelt es sich um das Verliebtheitshormon schlechthin, sorgt es doch für erhöhtes erotisches Interesse. Wen wundert es noch, dass wir diesen Zustand herbeisehnen und in einer langjährigen Partnerschaft am liebsten aufrechterhalten möchten! [85]

In der Phase des Verliebtseins ist somit vor allem das limbische Belohnungssystem aktiv. Andere Areale des Gehirns, die für rationale Entscheidungen (Präfrontalcortex) und für die soziale Einschätzung von Menschen (temporo-parietale Verbindung) verantwortlich sind, fahren ihre Aktivität herunter. Das zeigen jedenfalls die Forschungen von Semir Zeki (University College London) und Andreas Bartels (Max-Planck-Institut in Tübingen) oder Helen Fisher (Rutgers University New Jersey).[86] Die Sprüche „Liebe macht blind" oder auch „Liebe macht dumm", sind also gar nicht so weit hergeholt, wenn man sich diese Ergebnisse ansieht. Auch hier scheint jedoch eher vom Verliebtsein die Rede zu sein. Für mich erklärt es zumindest das, was ich bei meinem Mann beobachten konnte.

Es wundert mich deshalb gar nicht, dass es Forscher gibt, die dieses Gefühl mit Sucht in Verbindung bringen. Der Psychologe Jim Pfaus von der Concordia University formuliert es so: „Liebe ist eigentlich eine Gewohnheit, die sich aus sexuellem Begehren ergibt, da Begehren belohnt wird. Es funktioniert in der gleichen Weise im Gehirn, wie wenn Menschen von Drogen abhängig werden."[87]

Verliebt in die Liebe? Und was zeichnet dann Liebe aus?

Der „Schon-Länger-In-Einer-Liebesbeziehung-Cocktail" wird hauptsächlich aus dem Bindungshormon Oxytocin und dem Treuehormon Vasopressin, das für Zusammengehörigkeit und Solidarität zuständig ist, gemixt.

Das fühlt sich auch gut an, aber eben weniger rauschhaft wie in der Anfangs-Verliebtheit. Manch einer sucht den Rausch in der Langzeitbeziehung vergeblich, und der vermeintliche Alltag stellt sich allzu schnell wieder ein, einschließlich des rationalen Denkvermögens, das zwischenzeitlich ausgeschaltet war. Aber das allein reicht nicht aus, um Liebe zu erklären, da sind sich die Wissenschaftler einig. Liebe sei eine komplexe Empfindung, betonen etwa die Hirnforscher Andreas Bartels und Semir Zeki. Und es sei schwer, wenn nicht gar unmöglich, sie zu entwirren.[88]

Ein Hormon-Cocktail? Echt jetzt? Ein Hormon-Cocktail hält mich bei meinem Mann? Auf meiner Suche nach der Antwort auf die Frage „Was ist eigentlich Liebe?“ bin ich dann über die „Dreieckstheorie der Liebe“ des amerikanischen Psychologen Robert Sternberg gestolpert. Sternberg führt in seinem Modell der „Dreieckstheorie der Liebe” drei Komponenten auf, die sich gegenseitig beeinflussen und auch zusammen auftreten können. Neben der emotionalen Komponente, die für Vertrautheit bzw. Intimität sorgt und der motivationalen Komponente, der Leidenschaft, gibt es eine dritte, kognitive Komponente, die für die bewusste Entscheidung sorgt, eine feste Bindung einzugehen. Denn auch, wenn ich mit jemandem viel Zeit verbringe und viel Spaß habe, heißt das noch lange nicht, dass ich mich auch für ihn und für eine partnerschaftliche Beziehung zu ihm entscheide.

An dieser Stelle habe ich mich wiedererkannt. Mir ist bewusst geworden, dass ich mich vor vielen Jahren ganz bewusst für meinen Mann entschieden habe. Das mag jetzt altbacken klingen. Aber neben all den Gefühlen, die ich für ihn empfand, habe ich mich für diesen Menschen entschieden.

Mir war klar, dass auch andere Mütter tolle Söhne haben, und es mag darunter bestimmt auch welche geben, die gut zu mir passen, vielleicht sogar besser. Aber ich will mit ihm zusammen sein. Nicht weil ich ihn brauche. Ich kann mein Leben auch wunderbar allein managen.

Aber mit ihm macht es einfach mehr Freude. Mit ihm ist das Leben schöner, das Gras ist grüner, die Sonne scheint heller. Er bringt andere Farben in mein Leben, die mir guttun, auf die ich nicht verzichten will und die ohne ihn so nicht da wären. Das Profil, welches ich nach der Trennung auf Parship anlegte, existiert noch heute. Einfach, weil ich es versäumt habe, rechtzeitig zu kündigen. Noch heute bekomme ich Matchings und sehe mich in meiner Entscheidung bestätigt: Nein, ich will keinen anderen Mann als genau diesen. Und das sage ich, obwohl oder vielleicht gerade weil aus unserem Verliebtsein eine tiefe, wertvolle Liebe entstanden ist.

INTIMITÄT
LEIDENSCHAF
VERTRAUTHE

Die Liebe will ein freies Opfer sein.

Friedrich von Schiller

Das nächste Mal schieße ich dich auf den Mond

Eines war klar, und das formulierte ich ihm gegenüber sehr deutlich: Sollte er je wieder eine Affäre haben, wäre endgültig Schluss. Vermutlich fühlte sich mein Mann wie ein Schuljunge am Nikolaustag, wenn Knecht Ruprecht die schlimmen Taten aufzählt und Besserung fordert. Selbstverständlich erhält man in solch einer Stresssituation ein „Ja". Rückblickend betrachtet, habe ich mit meiner Forderung nach einem Versprechen einen großen Fehler begangen. In zweierlei Hinsicht: Mein Wunsch, dass die Affäre sofort beendet werden muss, ist aus meiner Sicht immer noch valide. Ich bin mir auch sicher, dass mein Mann diese als valide anerkennt. Was ich aber übersehen habe: Mit der Aussage, dass ich ihn sofort verlassen würde, sollte er je wieder eine Affäre haben, habe ich nicht nur ihn, sondern auch mich erpresst. Und Erpressung war noch nie ein probates Mittel.

Wie komme ich zu der Aussage? Wenn man sich nach einer Affäre entscheidet zusammen zu bleiben, ist das ein harter Weg. Ich habe es mir wirklich leichter vorgestellt. Alles schien so vertraut wie früher und war doch so fremd. Es fühlte sich an, als würden wir bei null anfangen. Stück für Stück kamen wir uns wieder nahe. Hypersensibel wie ich war, vermutete ich jedoch hinter jedem Busch Gefahren. Bald vertraute ich meinen Instinkten wieder und bohrte nach. Lief da noch was? An seinen Reaktionen merkte ich, dass er log. Wie sich herausstellte, trog mein Gefühl mich nicht. Und jetzt? Sachen packen und raus mit ihm, hatte ich ihm doch versprochen, nein gedroht, Schluss zu machen, wenn er wieder eine Affäre hätte. Eine Seite in mir wollte den Idioten sofort vor die Tür setzen. Eine andere Seite beschwichtigte und sagte, war ja klar, dass er es nicht packt. Es gab aber auch eine Seite, die eine tiefe innige Liebe verspürte.

Ich war im wahrsten Sinne des Wortes innerlich zerrissen.

Zuerst wollte ich verstehen, warum er die Affäre nicht beendet hatte. Hatte er. Kurz nachdem für ihn klar war, dass er mit mir zusammenbleiben will, hatte er die Tante darüber informiert, dass Schluss sei. Verständlicherweise bat sie um ein Gespräch. Ein Wort gab das andere, Tränen flossen, es wurde getröstet und der Bitte noch einmal miteinander ins Bett zu gehen, ein allerletztes Mal, nachgegeben. Nun hatte er ein Problem: Es war wieder passiert! Und es stand die Aussage im Raum, dass ich ihn verlassen werde, wenn er wieder fremdgehen sollte. Der Super-GAU war eingetroffen. Eben erst hatte er die Liebe seines Lebens wiedergefunden, jetzt drohte ihm, sie wieder zu verlieren. Das durfte auf keinen Fall passieren. Nun, die Geliebte hatte das sofort auf dem Schirm und erpresste ihn kurzerhand: „Ich sage es deiner Frau, wenn du nicht willig bist." Was jetzt? Die getröstete Geliebte hatte ihn in der Hand und das Schicksal nahm seinen Lauf. Wie konnte es so weit kommen? Wieso erpresst man jemanden, den man liebt? Aus Angst ihn zu verlieren? Aus Wut?

Die zweite Sache, die mir klar wurde: Ich habe mich selbst erpresst. Indem ich ihm sagte, ich verlasse ihn, sollte er nochmal eine Affäre haben, nahm ich mir alle Möglichkeiten.

Bewusst wurde mir das auch, als ich mir schwor, nie wieder ein Fuß in unser Ferienhaus zu setzen. Dahin fuhr er nämlich damals mit ihr, als klar war, dass es vorbei ist. Als uns unsere Kinder dann mit einer Ausflugsidee überrumpelten, fand ich mich in diesem unserem Ferienhaus wieder und wusste nicht, wie ich reagieren sollte. Ich hatte mir geschworen, nie wieder einen Fuß in dieses Haus zu setzen. Werde ich mir jetzt selbst untreu?

Ich erinnere mich, dass ich das Thema: „mein Mann hatte eine Affäre" mit meinem Coach besprochen habe. Er fragte mich, ob mein Mann denn das Recht hätte, eine Affäre einzugehen. Fassungslos schaute ich ihn an. Dann kam die Erkenntnis. Während ich mich innerlich gewunden hatte wie ein Aal, musste ich zähneknirschend eingestehen, dass er selbstverständlich das Recht hat, eine Affäre zu haben. Was ist dann das Problem, hakte er nach. Empörung machte sich in mir breit. Das Problem war, dass ich das nicht wollte. Aber er hatte jedes Recht dazu. Ich gab klein bei. Warum also nicht einfach die Zeit mit ihm genießen, sagt er zu mir. Und sollte es wieder vorkommen, gehe mit Freude darauf zu und entscheide dann. Puh! Mit Freude darauf zugehen, wenn er wieder fremdgeht. Er hätte auch Chinesisch sprechen können. Ich habe ihn einfach nicht verstanden.

Verstanden habe ich ihn, als mir mein Herzallerliebster gestanden hat, dass er die Affäre noch ein Jahr lang weiterlaufen ließ. Verstanden habe ich ihn, als ich in unserem Ferienhaus war und in die strahlenden Augen meiner Kinder sah. Neue Situation, neue Entscheidung.

Die Lektion, die ich daraus gelernt habe: Überlege gut, was du sagst. Mit Erpressung oder gar Selbst-Erpressung treffen wir Entscheidungen für die Zukunft, die wir heute noch gar nicht absehen können. Damit nehmen wir uns ein großes Stück Freiheit.

Um es mit den Worten von Desmond Tutu zu sagen: „Wenn wir an die Vergebung Bedingungen knüpfen, werden diese zu Ketten und binden uns an die Person, die uns Schaden zufügte. Und der Übeltäter ist es dann, der die Schlüssel für diese Ketten besitzt."[89]

Wie oft ertappst du dich, dass du einen Menschen aus Liebe erpresst?

Wenn man
entdeckt,
wieviel ICH
es enthält,
wenn man
DU sagt,
lösen sich eine
Reihe von
Knoten im WIR.

Mohsen Charifi

Wie viel ICH und DU braucht ein WIR?

Er ist weg. Da stehe ich nun. Der Platz an meiner Seite, er fühlt sich noch „warm" an. Und ich, ich fühle mich wie in der Mitte durchgeschnitten. Nach einer so langen Zeit zu zweit ist es, als ob ein Teil von mir plötzlich einfach fehlt. Ich bin nicht mehr ganz. Ich frage mich ernsthaft, wer diese Frau hier jetzt eigentlich ist, ohne diesen Mann.

Dieser Gedanke erschreckt mich zutiefst. Ich, eine selbstbewusste Frau, immer davon überzeugt, unabhängig und frei zu sein, weiß plötzlich nicht mehr, wer sie eigentlich ist? Dabei wusste ich doch immer genau, was ich wollte. Ich habe das Leben gelebt, das ich wollte, habe getan und entschieden, wie ich es wollte. Ich war ICH. Zumindest hat es sich lange so angefühlt, aber war es wirklich so?

Wenn zwei Menschen sich begegnen, begegnen sich im ICH und DU zwei voneinander völlig unabhängige Systeme. Wie zwei Kreise, die sich aufeinander zubewegen. Jeder Kreis funktioniert dabei nach eigenen Regeln, bringt seine eigenen Erfahrungen, Lebensmotive, Eigenschaften, Präferenzen und Verhaltensmuster mit. Manchmal sind es die Unterschiede, die wir beim anderen besonders anziehend finden, manchmal aber auch die Ähnlichkeiten. Indem wir dem anderen begegnen, entsteht etwas Neues, anderes. Im Sinne von: Liebe ist ein ICH, das ein DU sucht, um ein WIR zu werden.

Bildlich gesprochen würde das bedeuten: Wird die Beziehung enger, fangen die Kreise an, sich zu überschneiden, womit ein WIR entsteht. Wir entwickeln gemeinsame Interessen, haben Sex, verbringen viel Zeit miteinander, es entsteht ein gemeinsamer Freundeskreis, usw.. Kommen Kinder hinzu, spielen die Kinder im „WIR" irgendwann eine große Rolle und das wird immer bleiben, auch über eine Trennung hinaus. Zumindest familiensystemisch.

Gelebt sieht es häufig anders aus, aber das ist ein anderes Thema.

Wie groß das WIR wird und wie viel vom DU und ICH übrig bleibt, ist von Beziehung zu Beziehung sehr unterschiedlich. Als ich nach der Trennung dastand und mich fragte, was eigentlich noch von MIR übrig geblieben war, habe ich einen interessanten Glaubenssatz entdeckt. Ich fand es immer gut, dass wir so eng miteinander waren. Dass wir alles ganz selbstverständlich miteinander teilten. Ich fand und empfand es sogar als befremdlich, wenn es bei anderen Paaren nicht so war. Ob ich nicht Sorge hätte, dass ich irgendwann mit nichts dastehe, wurde ich dann gefragt. Nein, denn sollten wir uns je trennen, ist die finanzielle Seite mein geringstes Problem.

Ich erkannte, dass ich eine Beziehung dann als gefestigt, vertrauensvoll und funktionierend wahrnahm, wenn zwischen den beiden Menschen ein starkes WIR existierte, wenn ein Paar sich blind zu verstehen und zu vertrauen schien, das gemeinsame Leben aus einem gemeinsamen Topf finanziert. Man sorgte füreinander, verließ sich aufeinander und lebte in der tiefen Überzeugung, den Rest des Lebens gemeinsam zu verbringen. Ich fand es ok, dass im Laufe der Jahre aus den zwei Kreisen nahezu einer wurde, eine Vorstellung von Beziehung, die vor allem meine Eltern und Großeltern in mir geprägt hatten. Beziehungen, in denen jeder seine eigenen Lebensziele verfolgte und sich nur um sich selbst kümmerte, galten als fragil. Dann wurde angezweifelt, dass es echtes Commitment gebe und der Beziehung eigentlich keine Chance gegeben.

Heute denke ich anders darüber. Mein Mann und ich haben in unserer Beziehung vieles von uns selbst aufgegeben.

Damit sage ich keineswegs, der andere habe Schuld, denn die Prioritäten hatten wir schließlich selbst gesetzt. Vielleicht auch, weil wir glaubten, der jeweils andere würde das so erwarten – oder einfach nur um des lieben Friedens willen.

In seinem Buch „Die Kunst des Liebens" schreibt Erich Fromm: „Liebe ist nur möglich, wenn sich zwei Menschen aus der Mitte ihrer Existenz heraus miteinander verbinden, wenn also jeder sich selbst aus der Mitte seiner Existenz heraus erlebt. Nur dieses „Leben aus der Mitte" ist menschliche Wirklichkeit, nur hier ist Lebendigkeit, nur hier ist die Basis für Liebe. Die so erfahrene Liebe ist eine ständige Herausforderung; sie ist kein Ruheplatz, sondern bedeutet, sich zu bewegen, zu wachsen, zusammenzuarbeiten."

Ich habe das für mich wie folgt interpretiert: Um in mir stabil zu sein und einen anderen Menschen wirklich lieben zu können, so wie er ist, ist vor allem eines wichtig: eine tiefe Liebe zu mir selbst. Das bedeutet nicht nur, zu wissen, was ich im Leben wirklich möchte, was mir guttut, mich glücklich macht und meine Energiereserven auffüllt. Es bedeutet vor allem, dass ich selbst die Verantwortung dafür übernehme, dass diese Dinge in mein Leben kommen. Damit das gelingen kann, brauchen beide Partner den Mut zu kommunizieren, was ihnen außerhalb der Partnerschaft wichtig ist und ihre Entscheidungen danach auszurichten, auch dann, wenn es dem Partner nicht gefällt. Was wir stattdessen, nicht nur in Paarbeziehungen, viel zu oft tun: Ja sagen, obwohl wir Nein meinen. Diese faulen Kompromisse gehen wir in guter Absicht ein, nämlich in der Annahme, dass unser Partner genau das in dieser Situation von uns erwartet. Das Schlimme ist, dass wir damit auf etwas verzichten, was uns wirklich wichtig ist. Vielleicht erwarten wir unbewusst sogar eine Gegenleistung.

Nur unser Partner weiß von alldem nichts, wie folgendes Beispiel zeigt: Nach einem langen Tag schläft das Kind schließlich selig. Er kommt endlich dazu, in Ruhe die Tageszeitung zu lesen. Sie telefoniert mit einer Freundin. Plötzlich schreit das Kind. Genervt legt er seine Tageszeitung weg und beruhigt es. Das wiederholt sich mehrmals, bis das Kind endlich zur Ruhe kommt. Er ärgert sich, dass er auf das Zeitunglesen verzichten muss, während sie in aller Ruhe weiter telefoniert, sagt aber nichts dazu. Als sie auflegt, fragt sie, ob er das Kind morgen früh zur Kita bringen könne, damit sie mit ihrer Freundin joggen gehen kann. Frustriert sagt er: „Klar, mach doch." Und sie nimmt ihn beim Wort. Das Thema ist erledigt. Naja, nicht wirklich. Wie sagt man doch so schön: nur sprechenden Menschen kann geholfen werden...

Ein Leben aus der eigenen Mitte ist möglich, wenn wir uns selbst und unsere eigenen Bedürfnisse wichtig nehmen, sie kennen und kommunizieren. Wenn wir Zeitfenster dafür schaffen. Trotz Alltag, Kind und Kegel kann so eine gute Balance zwischen ICH, DU und WIR entstehen.

Im beruflichen Umfeld arbeiten wir gern mit sogenannten Retrospektiven. Das sind regelmäßige Reflexionen, z.B. auf ein Projekt oder auf die Zusammenarbeit. Dabei schauen wir uns gemeinsam und abseits vom Alltagsgeschehen an, wie wir den aktuellen Status quo einschätzen und welche Veränderungen wir uns wünschen. Übertragen auf die Paarbeziehung kann das bedeuten, sich regelmäßig die beiden Kreise anzusehen und gemeinsam zu überlegen, wie sich die aktuelle ICH-DU-WIR-Dosis für beide anfühlt.

Wie sieht deine ICH-DU-WIR-Dosis aus?

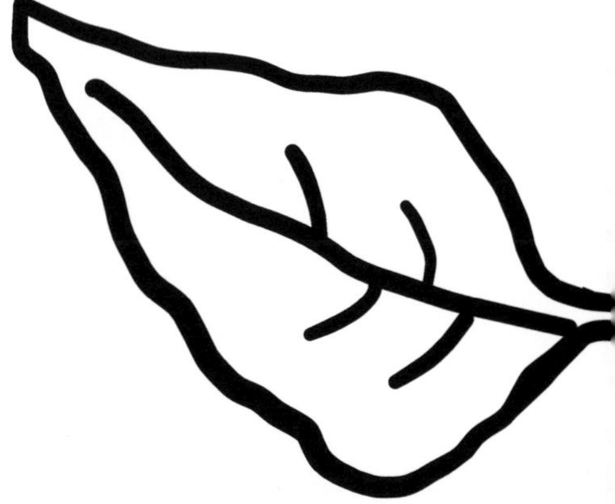

Eine Narbe?
Ja.
Für immer?
Für immer.
Dann…
überwindet
man es nie?
Man überwindet es.
Aber man
vergisst es nicht.

Jorge Bucay

Vergessen – bloß nicht!

Dieses Kapitel hätte auch heißen können „Und täglich grüßt das Murmeltier“. Es fing alles so gut an. Freunde treffen, gut essen, Spaß haben und angeregte Unterhaltung. Was will man mehr. Mich begeistert, dass wir mal wieder mit Menschen zusammensitzen, die sich interessieren, die Fragen stellen. Nur, dass die eine oder andere Frage bzw. Aussage mir den Boden unter den Füßen wegzieht. Mein Mann wird gefragt, wie er zu seinem aktuellen Job kam. Er erzählt, was er gelernt hat, warum er welche Jobs gemacht hat, diese wechselte, um bei seiner Familie zu sein und nach der Scheidung von seiner ersten Frau den Kindern aus dieser Beziehung nahe zu sein. Von den Schwierigkeiten, alles unter einen Hut zu bringen und der Unmöglichkeit, allen gerecht zu werden. Unsere Zuhörer schauen ihn an, nicken verständnisvoll und sagen dann, dass er da wohl großes Glück mit mir hatte. Nicht jede Frau würde solch ein Auf und Ab mitmachen. In mir schreit es „Ja, genau. Du bringst es auf den Punkt. Das hat ihn aber nicht davon abgehalten, mich zu belügen und zu betrügen.“ Ich merke, wie meine Wunden wieder aufreißen. Mein Mann wird verlegen, bestätigt das und wir wissen beide, wohin die Gedanken abdriften. Ich habe ihm immer zur Seite gestanden, hab all den Scheiß mitgemacht, und als es dann ruhiger wurde – zumindest in seinem Leben – hat er sich eine andere gesucht. Warum? Warum? Warum? Ich werde es nie verstehen. Ich muss rausgehen und die Tränen fließen in Strömen. Er kommt mir nach, sieht mich hilflos an und bleibt. Nimmt mich in den Arm und ist einfach nur da.

Eigentlich müsste ich längst drüber hinweg sein. Wir reden viel. Wir verarbeiten. Ich habe mir einen Coach gesucht. Aber ich schaffe es nicht. Ich schaffe es einfach nicht. Als würde ich wie bei „Mensch ärgere dich nicht“ jedes Mal kurz vor dem Ziel rausgekegelt und wieder zurück auf Start gestellt werden.

Ich hasse es. Aber am schlimmsten ist, dass der Schmerz wieder da ist. Mit voller Wucht, und ohne, dass ich etwas tun könnte. „Das Vergangene ist nie tot, es ist nicht einmal vergangen", sagt William Faulkner und genauso fühlt es sich an. Rein kognitiv ist mir klar, was ich tun müsste, um weniger emotional zu reagieren. Ich sollte mich zusammenreißen, die Vergangenheit ruhen lassen und nach vorne schauen. Trotzdem schiebt sich diese Ungeheuerlichkeit immer wieder wie ein Filter vor meine inneren Bilder. Von jetzt auf gleich. Wie könnte ich je vergessen? In solchen Momenten könnte ich meinem Mann den Hals umdrehen. Ich konfrontiere ihn mit meinen Emotionen und ernte je nach Situation Verständnis und Trost oder aber leere Blicke, Traurigkeit und Unverständnis: „Warum machst du jetzt diesen schönen Augenblick kaputt?" Und ich würde ihn gerne anschreien: „Weil du so viel Scheiß fabriziert hast."

Als wir uns entschieden haben, dass wir es nochmal versuchen wollen, wusste ich, dass es mühsam wird. Aber ihn wieder an meiner Seite zu wissen, war und ist ein wunderbares Gefühl. Bildlich gesprochen, stiegen wir Hand in Hand die Spanische Treppe empor, der Sonne entgegen. Ich nahm ihn mit allen Sinnen wahr und genoss es in vollen Zügen. Unglücklicherweise habe ich die Rechnung ohne die Tante gemacht und irgendwie auch ohne meinen Mann. Auf halber Höhe stand sie da plötzlich, lächelte ihn an, nahm seine Hand und zog in die Treppen hoch. Hilflos, wie er nun einmal ist, zog er mich noch ein Stück mit, ließ mich dann aber los und ich fiel. Fiel die Treppe hinunter und konnte es nicht fassen. Er machte es schon wieder. Dieses Spiel spielten wir zwei-, dreimal und dann konnte ich nicht mehr. Trotz Therapie und gutem Willen stand ich nun vor der ersten Stufe und traute mich nicht, auch nur einen Schritt zu machen. In mir raunte es: „Vorsicht! Du weißt, was passieren kann."

Ich könnte schreien und tue es auch. Heimlich.

Kluge Ratgeber würden jetzt empfehlen, einen Grübelstopp einzulegen, zu meditieren oder einfach unter Leute zu gehen, zu entspannen und dann tief durchzuatmen. Das mag ja sein, aber diese leise Stimme, die mich warnt, ist nicht wegzudiskutieren. Nein, ich habe weder Halluzinationen noch Wahnvorstellungen. Ich habe einfach einen Mann, der durch Entscheidungsschwäche glänzt und unfähig ist, sich unangenehmen Dingen zu stellen, so dass er der Tante immer wieder Tür und Tor öffnet. Ich hasse es. Was für ein Weichei.

Wie bekomme ich diese Stimme zum Schweigen? Was muss ich sagen, damit Ruhe ist? Und wer spricht da überhaupt zu mir? Nach Schulz von Thun[90] wäre es vielleicht jemand aus meinem inneren Team. Gunther Schmidt[91] würde vielleicht von einer Seite in mir sprechen oder vom klugen Unbewussten. Michael Bohne[92] spricht im Rahmen der Psychotherapie von einem Phänomen, das er „Symptom des letzten Zeugen" nennt. Das Problem hat eine wichtige Funktion. Es darf nicht gehen, denn das hieße so viel wie: war ja nicht so schlimm, ist jetzt für alle Zeit vergeben und vergessen.

Es war schlimm. Es ist schlimm. Immer noch. Und es ist weder vergeben noch vergessen, sondern wird für immer ein Teil von mir und der Beziehung zu meinem Mann sein. Manchmal fühlt es sich an, als wäre ich die Einzige, die diese ganze Geschichte (immer noch) verwerflich findet, drauf schaut, sie nicht vergessen kann und es auch nicht will.

Ich spreche lange mit meinem Mann darüber, weil mich der Gedanke nicht loslässt. Er fängt an, meine Position in dieser Sache besser zu verstehen. Und er findet ein neues Bild, eines, das uns beide betrifft und was mir gut gefällt: „Dieser letzte Zeuge, das ist wie eine Kerze. Wir beide passen gemeinsam auf, dass sie nicht erlischt. Eine Art Mahnmal, das uns immer wieder daran erinnert, gut auf uns und unsere Beziehung zu achten." Der Gedanke, dass dieser letzte Zeuge nicht für den Schmerz steht, sondern für das, was wir aus der Situation mitgenommen haben, fühlt sich für mich gut an.

Ich brauche Zeit. Die erste Stufe habe ich erreicht. Die restlichen schaffe ich sicherlich auch noch. In meinem Tempo.

Was ist nachtragender:
Vergessen ja, verzeihen nie,
verzeihen ja, vergessen nie?
Erhard Blanck

Ich kann
das Schicksal
nicht daran
hindern, seine
Melodien
zu spielen,
aber ich muss
nicht danach
tanzen.

Mohsen Charifi

Die Akzeptanz ist der Ort, an dem Veränderung beginnen kann

Das Thema „Verzeihen“ hat mich nicht losgelassen. „Die 5 Sprachen der Liebe“[93] und „Die 5 Sprachen des Verzeihens“[94] von Chapman waren ein Augenöffner. Mir wurde schnell klar, dass wir unterschiedliche Sprachen sprechen und unterschiedliche Bedürfnisse haben. Während mein Mann schon allein bei dem Gedanken daran überglücklich ist, dass ich da bin und er mich kurz drücken kann, wann immer er möchte, brauche ich mehr als nur einen kurzen Drücker. Und ich spreche hier nicht von Sex, sondern von dem kleinen, aber feinen Unterschied zwischen der Sprache der „Zärtlichkeit" und der Sprache der „Zweisamkeit". Man könnte auch sagen, ich brauche eher weniger, dafür dann aber ungeteilte Aufmerksamkeit, während er eher häufiger und weniger intensive Aufmerksamkeit braucht. Also habe ich darauf rumgekaut, was er wohl wie sagen könnte, damit ich ihm verzeihe. Aber wie kann ich meinem Mann das jahrelange Lügen und Betrügen verzeihen? Gar nicht! Ich will nicht und ich kann nicht. Für mich waren „Die 5 Sprachen des Verzeihens“ eine hilfreiche Erkenntnis, aber mir reichte das nicht. Irgendwie stellte sich in diesem Thema kein innerer Frieden ein. Ich brauche und will nach wie vor keine Entschuldigung von meinem Mann. Es würde nichts ändern. Was genau sollte ich denn entschuldigen?

Wikipedia sagt, dass eine Entschuldigung oder Verzeihung im engeren Sinn eine Ent-Schuld-igung ist. Mit der Bitte um Entschuldigung gesteht jemand ein, dass eine Handlung, Duldung oder Unterlassung von ihm ein Fehler war. Anders formuliert: man hat etwas getan oder unterlassen und ist dabei den eigenen Werten und (moralischen) Ansprüchen an sich selbst nicht gerecht geworden. Der andere fühlt sich also schlecht und schuldig und will von mir die Absolution für das, was er mir mit seinem Fremdgehen angetan hat?

Das kann ich nicht. Es geht einfach nicht! Aber was ist es dann? Was suche ich? Denn irgendetwas fehlt. Das spüre ich ganz genau.

Als ich von der Affäre erfuhr, war ich traurig, wütend, enttäuscht und unsicher. Ich fand es unfair, dass ich mich an unsere Regeln gehalten hatte und er nicht. Der Gedanke, dass er mit anderen Frauen heimlich Sex hatte, ekelte mich an. Es machte mich wütend, dass ich so viel in unsere Beziehung investierte, obwohl er bereits mit einer anderen rummachte. Ich war empört, dass er mir, ohne mit der Wimper zu zucken, ins Gesicht log. Ich fühlte mich hilflos, weil diese „Sache" nun für immer da sein würde und durch nichts rückgängig gemacht werden konnte. Ich erwartete wohl eine Form von Wiedergutmachung. Aber das ist utopisch. Eine Affäre kann man nicht durch etwas ausgleichen. Treueschwüre und Geschenke würden nichts an der Sache ändern. Und einen Mann, der sich verhält, als würde er ewig in meiner Schuld stehen, will ich auch nicht. Diese Affäre wird wohl immer auf der Soll-Seite unseres gemeinsamen Liebeskontos stehen. Aber was bedeutet das für mich nun genau? Und da platzte der Knoten. Ich glaube, das ist der Hauptgrund, weswegen ich nicht verzeihen kann. Meine heile Welt wurde auf den Kopf gestellt. Was ich für Urvertrauen hielt, würde ich heute als Naivität oder blindes Vertrauen im negativen Sinne bezeichnen. Diese „Sache" gehört nun zu meinem Leben, ob ich will oder nicht. In mir kämpf(t)en zwei Seiten und keine konnte gewinnen. Die eine Seite resignierte ob dieser Ungeheuerlichkeit. Die andere Seite akzeptierte, denn ändern kann man Vergangenes nicht.

Resignation und Akzeptanz. Von außen betrachtet, sieht beides erst einmal gleich aus. Aber wie mein Coach so treffend formuliert:

„Der Unterschied liegt in unserer inneren Befindlichkeit. In einem Fall spürt man einen „dicken Hals", den giftigen Zorn im Bauch, das lähmende Ohnmachtsgefühl, und andernfalls bestimmt man selbst und nimmt dann eine wohltuende Erleichterung, Ruhe und Gelassenheit wahr."[95]

Mit Akzeptanz können wir dem Leben zu seinen eigenen Bedingungen begegnen, statt darüber zu schimpfen, dass es unseren Wünschen nicht entspricht. Wenn wir akzeptieren, dass das Leben ist, wie es ist, und nicht, wie es unserer Ansicht nach sein sollte.[96] Die Akzeptanz ist der Ort, an dem Veränderung beginnen kann.[97]

Ich habe lange mit meinem Coach über das Thema diskutiert. Diskutiert deshalb, weil er mich einlud anzuerkennen, was ist und all das zu akzeptieren, was das Leben mit sich bringt, um mit Freude darauf zuzugehen. Ich hatte sofort das Bild des Dalai Lama im Kopf und fühlte mich komplett überfordert. Ich wollte nicht weise sein. Ich wollte stinkig sein. Schimpfen dürfen. Dieser Trulla und dem Idioten von einem Mann die Krätze an den Hals wünschen. Aber was bringt das? Nichts. Gar nichts! Außer dass ich mich aufrege und mehr in der Vergangenheit lebe als im Hier und Jetzt. Wie schon Shantidevas berühmte Fragen sagten: „Wenn sich etwas an der Situation ändern lässt, warum dann niedergeschlagen sein? Und wenn sich nichts daran ändern lässt, was nützt es, wenn man niedergeschlagen ist?"[98] Wenn wir die Gegenwart akzeptieren, können wir vergeben und die Sehnsucht nach einer anderen Vergangenheit ablegen.[99]

Ist Vergebung dann das Zauberwort? Vergebung klingt so groß. Wem oder was vergebe ich denn? Und wenn ich vergebe, darf ich dann nie wieder davon sprechen? Ist dann alles vergeben und vergessen?

Vergebung bedeutet nicht, dass man vergisst, was jemand getan hat, so Desmond Tutu.[100] Durch Vergebung verzichtet eine Person auf den Schuldvorwurf und auf ihren Anspruch der Wiedergutmachung des erlittenen Unrechts, ohne die erlittene Verletzung zu relativieren oder zu entschuldigen.[101]

Aber es gibt einen wichtigen Unterschied zwischen der Vergebung und der schlichten Duldung von Missetaten. „Nur weil man diese akzeptiert und vergibt, heißt es noch lange nicht, dass man sie gutheißt. Und es gilt zwischen Täter und Tat zu unterscheiden. Je nach Tat kann es notwendig sein, möglichst wirksame Gegenmaßnahmen zu treffen, um diese zu beenden. Was den Täter betrifft, kann man sich jedoch entscheiden, weder Wut noch Hass zu entwickeln."[102] Vergebung ist ein vorwiegend innerseelischer Prozess, der unabhängig von Einsicht und Reue des Täters vollzogen werden kann. Durch Vergebung befreit sich die verletzte Person aus der Opferrolle. Sie ist nicht mehr nachtragend. Die Tat kann nicht ungeschehen gemacht werden; aber die verletzte Person kann besser mit den Folgen leben.[103]

Vergebung, so habe ich mittlerweile gelernt, bedeutet auch, mutig zu sein, stark zu sein und eine Entscheidung zu treffen. Es ist ein Zeichen von Stärke, nicht ein Zeichen von Schwäche, wenn man sich für Vergebung entscheidet. Im „Buch des Vergebens" stellt Erzbischof Desmond Tutu mit seiner Tochter einen universellen vierfachen Pfad[104] der Vergebung vor. Im ersten Schritt geht es darum, die Geschichte zu erzählen und sich der Wahrheit zu stellen. Im nächsten Schritt soll der Schmerz benannt werden. Tatsachen sind Tatsachen, aber die Erfahrungen, um die es geht, haben starke Emotionen und Schmerz verursacht. Diese gilt es zu benennen.

Vergebung zu gewähren ist dann der dritte Schritt. Die Fähigkeit zu vergeben beruht unter anderem auf der Erkenntnis, dass wir einander, weil dies zutiefst menschliche Eigenschaften sind, unvermeidlich verletzen und voneinander verletzt werden. Hier fand ich die Frage „Können Sie akzeptieren, dass die Person, die Sie verletzt hat, ein Mensch wie wir alle ist und Sie wahrscheinlich verletzt hat, weil sie selbst leidet?“ hilfreich. Ja, das konnte ich mir gut vorstellen. Auch wenn ich das Ganze von außen betrachtet immer noch unmöglich fand. Im letzten Schritt geht es schließlich darum, die Beziehung zu erneuern und loszulassen. Ein Zurück zur alten Beziehung gibt es nicht, aber wir haben die Wahl, ob wir die alte Beziehung beenden und loslassen oder ob wir einer neuen Beziehung eine Chance geben wollen.

Ich persönlich fand diesen Weg oder Pfad extrem hilfreich. Es tat gut, „Das Buch der Freude“ zu lesen. Ich bin weit davon entfernt, eine weise Frau zu werden, aber ich werde ruhiger. Mein Mann hatte Gründe für sein Fremdgehen, die ich wohl nie verstehen werde. Ich möchte jedoch meine Energie nicht mehr darauf verwenden, mich zu fragen, was mein Mann wann und wo mit dieser Frau gemacht hat und warum. Vielmehr möchte ich in die Zukunft blicken und meine Energien für ein Leben in Freude einsetzen. Diese Entscheidung habe ich ganz für mich allein getroffen. Und dazu gehört auch, aus der aktuellen Situation zu lernen und gemeinsam mit meinem Mann herauszufinden, wie eine neue Form des Zusammenseins aussehen könnte.

Verstehen
ist ein
dreiseitiges
Schwert.
Es gibt deine
Seite, meine
Seite und
die Wahrheit.

J. Michael Straczynski

Kannst du mich verstehen?

Was ist eigentlich vonnöten, um den anderen zu verstehen? Und was heißt eigentlich „mich verstehen"? Hat das etwas mit unseren Geschlechterrollen zu tun?

Das Buch „Warum Männer nicht zuhören und Frauen schlecht einparken" von Barbara und Allan Pease war der Renner. Die beiden behaupten, dass Männer und Frauen komplett unterschiedlich sind. Das alles sei in den Gehirnen von Geburt an felsenfest verankert. Und die amerikanische Psychiaterin Louann Brizendine landete mit ihrem Buch „The female Brain" (Das weibliche Gehirn) einen Bestseller in den USA. Ihre Botschaft lautet ebenfalls: Männer und Frauen sind zum Anderssein verdammt, weil ihre Gehirne so unterschiedlich funktionieren.

Mag sein, aber uns ist das zu kurz gesprungen. Wir treffen in unserer beruflichen Tätigkeit tagtäglich Menschen, die miteinander kommunizieren und dabei sehr unterschiedliche Ergebnisse erzielen. Ob und inwieweit Kommunikation erfolgreich ist, hängt dabei absolut nicht vom Geschlecht ab. Eher davon, wie gut es den Betroffenen gelingt, sich klar und verständlich mitzuteilen, die eigene Sicht im Sinne der aufmerksamen Zuwendung zum Gesprächspartner zurücknehmen zu können und sich in die Perspektive des anderen einzudenken bzw. einzufühlen. Und nicht zuletzt hängt gute Kommunikation auch davon ab, wie gut ich zuhören kann. Ganz im Sinne von „Do you listen or do you wait to talk?" oder „Verstehen ist wichtiger als Verstandenwerden" geht es darum, den anderen mit seinen Bedürfnissen wirklich verstehen zu wollen. Die Kür besteht darin, sich selbst parallel Fragen zu stellen wie „Was passiert mit uns und mit unserem Gegenüber, wenn wir wirklich zuhören?", „Wie können wir das, was wir fühlen, sehen oder erkennen, in Gespräche einfließen lassen?",

„Wie können wir im Gespräch absichtslos und frei von Bewertungen sein?" und „Wie schaffen wir es, unterschiedliche Sichtweisen zu nutzen, um uns gemeinsam weiterzuentwickeln, statt uns zu distanzieren?". Wie gesagt: das ist die hohe Kunst der Kommunikation und sie ist tatsächlich mit ganz viel Übung erlernbar.

Was hat das alles mit dem Fremdgehen zu tun? Viel! Sehr viel! Wir haben immer wieder festgestellt, dass missverständliche oder mangelhafte Kommunikation häufig die Wurzel allen Übels war und ist.

Gary Chapman sagt in seinem Buch „Die 5 Sprachen der Liebe", dass wir bereit sein müssen, die Sprache der Liebe unseres Partners zu lernen. Erst so können wir uns in der Liebe verständlich machen. Die Herausforderung besteht jedoch darin, so Chapman, dass die persönliche Sprache der Liebe sich mitunter so sehr von der des Partners unterscheidet wie die chinesische von der deutschen Sprache. [105]

Vielleicht hat das am Rande auch mit dem Geschlecht zu tun. In erster Linie hat es aber mit dem jeweiligen Paar und seiner Art zu kommunizieren zu tun. Doch wie erkennt man, ob die Art der Kommunikation in der Paarbeziehung das Problem ist?

Hellhörig sind wir geworden, als eine Frau resigniert vor uns saß und meinte „Wir lieben uns, immer noch, aber wir verstehen uns einfach nicht". Dabei ging es nicht um „nicht verstehen wollen", es ging in der Tat um die Art der Kommunikation. Sie verstand einfach nicht, was ihr Mann von ihr wollte und er konnte nicht verstehen, was für ein Problem sie hatte.

Immer wieder sprachen sie darüber. Und verloren sich am Ende immer wieder in Missverständnissen, mit denen sie sich gegenseitig verletzten. Und irgendwann kann man sich selbst nicht mehr hören. Die beiden drehten sich im Kreis. Zu viel zu reden und nachzudenken ist wie Schaukeln. Man ist beschäftigt, kommt aber keinen Schritt weiter.

Und jetzt? Aufgeben? Alles so hinnehmen? Wie gesagt, wir sind keine Paartherapeutinnen. Aber wir sind Kommunikationsspezialistinnen, und so sind wir der Frage nachgegangen, ob vielleicht die Art der Kommunikation das Problem sein könnte. Hilfreich war hier ein Tool (CommPass plus), das wir gerne einsetzen, wenn wir das Gefühl haben, dass die Art und Weise der Kommunikation nicht wirkungsvoll ist. Der Test misst und analysiert die eigene kommunikative Wirkung in der beruflichen Rolle, um gezielt Einstellungen, Kompetenzen und Fähigkeiten zu trainieren. Wir haben uns gefragt, was dieser Test über uns und unsere Kommunikation in Paarbeziehungen verrät. Also haben wir mit Paaren gesprochen, die diese Tests gemacht haben. Wir sind fündig geworden.

Am Kommunikationsstil eines Mannes wurde beispielsweise deutlich sichtbar, warum er am liebsten alles vergessen und zur Tagesordnung übergehen würde, während sie verstehen will, nachfragt, analysiert und sich maßlos aufregt, dass er nur scheibchenweise Informationen preisgibt. Es wurde auch deutlich, dass er in seiner Kommunikation eher unzuverlässig ist, um sich damit Optionen offen zu halten, während sie sehr zuverlässig ist und zu dem steht, was sie sagt. Allein an der Art, wie die beiden kommunizieren, wurde vieles klar(er).

Der Mann hat schwarz auf weiß gesehen, was dazu beigetragen haben könnte, dass er fremdgegangen ist und der Frau wurde wieder klar, warum sie sich in genau diesen Mann verliebt hatte und warum sie ihn immer noch liebt. Das nach all dem, was die beiden erlebt hatten, zu erkennen, war für sie etwas ganz Wunderbares.

Das Schöne ist, dass wir mit dem Wissen um unsere Stärken und Schwächen in der Wirkweise der Kommunikation anders aufeinander zugehen und Licht am Ende des Tunnels sehen können. Auch wenn Kommunikation in vielerlei Hinsicht von der Persönlichkeit abhängig ist, ist sie doch trainierbar und damit veränderbar. Statt „du bist so und so und deshalb hast du so und so gehandelt" stellen wir fest: „Deine Kommunikation wirkt so und so und daher konnte dies und jenes passieren oder deshalb habe ich darauf so und so reagiert." Auf „ich bin halt so", habe ich kaum oder wenig Einfluss. Auf „du wirkst so" habe ich Einfluss. Und damit übernehme ich wieder Verantwortung für mein Handeln.

Kannst du mich verstehen? Ja, das kann ich. Ich werde zwar nie nachvollziehen können, was du erlebt hast, als du mit dieser anderen Frau zusammen warst. Ebensowenig wie du je nachvollziehen kannst, wie es mir erging, als ich von dieser Geschichte erfahren habe. Aber ich kann und will dich verstehen.

Und jetzt?

ZUKUNFT

Ich garantiere,
es kommen auch
schlimme Zeiten.
Und ich garantiere, es
kommt vor, dass einer
von uns oder beide
unbedingt aus dieser
Sache raus will.
Aber ich garantiere
auch, wenn ich Dich nicht
frage, dann bereue
ich das für den Rest
meines Lebens.

aus „Die Braut, die sich nicht traut"

Danke fürs Fremdgehen, du Arsch!

„Papa, unsere Familie hat das gebraucht. Wir gehen jetzt viel achtsamer miteinander um!“ Der Bursche, der das sagte, ist 11 Jahre alt. Weise gesprochen. Nach 20 Jahren Ehe hatte sein Vater die Familie vier Monate zuvor von heute auf morgen für eine andere Frau verlassen. Zwei Monate später stellte er fest, dass es einer der größten Fehler seines Lebens war. Unglücklicherweise lässt sich die Uhr aber nicht zurückdrehen. Oder glücklicherweise? Ist manchmal ein „Super-GAU“ nötig, damit etwas Gutes entstehen kann? Oder um die Stanbergers zu zitieren: „Braucht man erst einen schweren Schicksalsschlag, damit man die eigene Lebenszeit wertvoll gestaltet?“ [106]

Auf Beziehungen übertragen: Kommt eine lange Beziehung also nicht ohne Fremdgehen aus?

„Niemand braucht einen Seitensprung, so wie niemand eine Blinddarmentzündung oder einen SUV braucht. Aber: Viele Paare schaffen es nicht ohne“, so Psychologe und Paartherapeut Oskar Holzberg.[107]

Umwege verbessern die Ortskenntnis und viele Wege führen nach Rom. Ebenso viele Wege führen in fremde Betten. Ein feuchtfröhlicher Abend, eine aufregende Gelegenheitsbekanntschaft auf einer öden Geschäftsreise, zu viel Pornokonsum, die kindliche Lust, Verbotenes zu tun, oder die Vorstellung, sich aus einem partnerschaftlichen Sexualstau befreien zu müssen. Aber wie wir schon in einem der ersten Kapitel diskutierten: Es passiert nicht einfach. Wir entscheiden uns dafür und sind nicht die Opfer unserer Bedürfnisse, die uns zwingen, fremdzugehen. „Häufig haben wir Affären nicht, weil wir eine andere Person suchen, sondern weil wir uns selbst suchen.

Es geht gar nicht so sehr darum, dass wir die Person verlassen wollen, mit der wir zusammen sind, als dass wir die Person verlassen wollen, zu der wir geworden sind“, sagt die amerikanische Sexualexpertin Esther Perel.[108]

Braucht also eine Beziehung eine Affäre, um neu beatmet zu werden? Manchmal schon, könnte man meinen. Allerdings würden wir niemals eine Affäre empfehlen, um einer Beziehung neuen Schwung einzuhauchen. Der Schaden, der dabei entsteht, ist immens, und er ist noch größer, wenn Kinder im Spiel sind. Glücklicherweise gibt es noch andere Wege, um einer festgefahrenen Beziehung eine neue Chance zu geben. Vorausgesetzt, die Notwendigkeit wird erkannt und beide Seiten wollen das.

Als wir darüber gesprochen haben, wieder zusammen zu kommen, war klar, dass es ein Neustart sein muss. Ein „weiter so“ kam nicht in Frage. Im Prinzip haben wir uns „neu kennen gelernt“. Jeder für sich hatte sich die Fragen gestellt:

Wie will ich zukünftig leben?
Was ist mir wichtig?
Was wünsche ich mir vom anderen?

Wir haben gemeinsam überprüft, was wir bewahren, optimieren und was wir lassen wollen. Wir haben jeden Stein umgedreht, ohne Eile. Wir haben immer wieder in uns hinein gehorcht, ob wir auf dem richtigen Weg sind. Wenn ich mal wieder auf „Los“ stand, weil ich einen Rückfall hatte, alles hinwerfen wollte, weil mir das Vertrauen einfach fehlte, dann haben wir uns das angeschaut und darüber gesprochen.

Mein Mann hat es genauso gehandhabt, wenn er an seine Grenzen stieß. Stück für Stück näherten wir uns einander wieder an, wurden achtsamer. Trotzdem erwischen wir uns regelmäßig, dass wir in alte Verhaltensmuster rutschen, einfach funktionieren und in die To-do-Routine verfallen. Aber auch das ist eine Erkenntnis, die uns innehalten lässt.

Mit dem oben erwähnten Papa habe ich über Musterunterbrechung gesprochen. Er war sich sicher, wenn er erstmal verstand, warum er sich damals auf diese andere Frau eingelassen hatte, würde ihm das nicht mehr passieren. Dem widerspreche ich. Ich bin zwar fest davon überzeugt, dass es sinnvoll ist, seine Muster zu erkennen, um sie zu unterbrechen, aber in diesem Fall glaube ich, dass Musterunterbrechung nicht ausreicht. Im Gegenteil: ich bin der Ansicht, dass es dann bereits zu spät ist. Wenn ich schon Feuer und Flamme bin, mein Gehirn das rationale Denken abgeschaltet hat, wer soll denn dann noch das Muster unterbrechen? Insofern braucht es eher „Frühwarnsysteme“. Aber wie baut man Frühwarnsysteme in eine Beziehung ein?

Nun, hier half uns unser berufliches Umfeld. Wir nutzen einfach Retrospektiven aus der agilen Welt. Regelmäßig mal drauf schauen, was aktuell gut läuft, was weniger gut läuft, was wir daraus schließen und anders machen wollen. Sollte doch auch im Privaten funktionieren. Das funktioniert natürlich nur, wenn das, was gesagt werden will, tatsächlich gesagt und das Gesagte auch gehört wird. Wenden wir doch einfach mal an, was wir in den schlauen Kommunikationsratgebern oder Businesstrainings lernen.

Um die Frage „War eine Affäre nötig?“ nochmals aufzugreifen: Nein, sicher nicht. Ganz und gar nicht.

Allerdings hätten wir die Gespräche, die wir jetzt führen, ohne die Affäre nie geführt. Insofern könnte man tatsächlich sagen: Danke fürs Fremdgehen.

Auf den Schmerz, der damit verbunden war, hätten wir gerne verzichtet. Daher: Danke fürs Fremdgehen, du Arsch!

STOP

Lass dir deine Zukunft nicht von deiner Vergangenheit kaputt machen.

LL Cool J, auch bekannt unter den Namen Uncle L

Auf das was da noch kommt ...

Ich habe fertig, würde Giovanni Trapattoni sagen. Wir haben auch fertig. Fix und fertig. Was für eine Odyssee. Manche Geschichten braucht man echt nicht im Leben. Wir hätten wirklich gerne darauf verzichtet, aber uns hat ja keiner gefragt. Also haben wir das Beste daraus gemacht und gelernt. Ganz im Sinne von, wenn man nicht weiterweiß und nicht weiterkommt, steht man vor dem Tor der Persönlichkeitsentwicklung.[109] Da standen und stehen wir.

Uns hat es gut getan, die Dinge beim Namen zu nennen, nicht allein zu sein. Es hat uns aber auch darin bestätigt, dass jede Geschichte einzigartig und jeder Weg damit umzugehen individuell ist. Ein Beispiel zeigte uns das besonders deutlich. Als wir uns für unseren Buchtitel „Danke fürs Fremdgehen, du Arsch" entschieden haben, war die eine oder andere Interviewpartnerin not amused. „Danke" für den ganzen Scheiß, das ging so gar nicht. Wochen später jedoch erhielten wir die Rückmeldung einer Gesprächspartnerin, sie sei jetzt so weit, dieses „Danke" tatsächlich annehmen zu können. Es gibt aber auch sicherlich viele, die niemals ein „Danke" in Erwägung ziehen. Wie gesagt, jeder Weg ist individuell.

Wir haben uns auch gefragt, welchen Einfluss die „Covid-19"-Zeit hatte. Unabhängig davon, dass unser Buch sich viel länger hinzog als geplant, hatten Lockdowns und Social Distancing auch Auswirkungen. Eine Dame schaffte es endlich, ihre Affäre zu beenden, aus dem Schattendasein der Geliebten auszubrechen, sich zu verlieben und eine „richtige" Beziehung zu führen. Ohne Covid wäre sie vermutlich immer noch die unglückliche Geliebte. Auf der anderen Seite konnten Affären teilweise nur mittels der Sozialen Medien aufrechterhalten werden. Die Frage, wann sie endlich aufhört, fand so eine schnelle Antwort: Jetzt! Weil es einfach nicht mehr möglich war, die Affäre auszuleben.

Was wir gelernt haben? Es gibt keine Patentrezepte. Leider. Und einfach nur ein Pflaster draufzukleben oder Wegpusten funktioniert auch nicht. Es ist immer wieder viel Energie nötig, um weiter und wieder aufrecht durchs Leben gehen zu können. Aus der anfänglichen Wut wurde Traurigkeit, Akzeptanz und manchmal sogar Verständnis. Trotzdem braucht es manchmal nur Kleinigkeiten, um alles wieder infrage zu stellen und das bereits Erreichte zunichte zu machen. Ob es sich lohnt? Das muss jeder für sich entscheiden. Tag für Tag. Aber ist das nicht immer so?

Wir wünschen allen, die in ähnlichen Situationen stecken, viel Kraft. Den einzigen Rat, den wir geben: Such dir, sucht euch professionelle Unterstützung. Nicht immer kann ein Freund therapeutische Hilfe ersetzen und nicht immer kann man alles mit sich ausmachen. Wir sind Profis und trotzdem war es nötig, Hilfe anzunehmen.

MEIN
~~PATEN~~
REZEP

Name

Gehen Ja ☐ Nein ☐

Bleiben Ja ☐ Nein ☐

mehrmals täglich Selbstliebe
Reflexion,
Hilfe annehmen

Wir sagen Danke

Viele werden sich fragen, was von alledem die Autorinnen wohl selbst erlebt haben. Alles! Nichts! Wir sagen danke an die vielen Menschen, die die Idee, dieses Buch zu schreiben, unterstützt haben. Die uns an ihren Geschichten teilhaben ließen und bereit waren, das eine oder andere Kapitel beizusteuern. Wir verzichten an dieser Stelle darauf, die Namen zu nennen. Vermutlich wisst ihr alle, wen wir meinen. Ihr Lieben. Vielen Dank.

Vielen Dank auch an unsere Familien. Als wir uns entschieden haben, dieses Buch zu schreiben, haben wir natürlich auch daran gedacht, was es bedeutet, wenn diese Geschichte(n) an die Öffentlichkeit kommen. Danke, dass ihr unseren Wunsch unterstützt habt, dieses Buch zu veröffentlichen.

Wir bedanken uns auch bei unserer Lektorin, Ines Bergfort. Es war eine Freude, ihre frischen und hilfreichen Kommentare zu lesen. Was haben wir teilweise gelacht. Und Carmen Fibranz, unsere Kreative, die dieses Buch mit Humor und Kunst vervollständigt. Großartig.

Ja und was sagt man denjenigen, die uns zu diesem Buch inspiriert haben? Vermutlich: „Danke, du Arsch! Ich liebe dich trotzdem!"

Danke du Arsch!

Ich liebe dich trotzdem.

Die Autorinnen

Wir haben uns entschieden dieses Buch unter einem Pseudonym zu veröffentlichen. Nicht weil es uns peinlich wäre oder wir uns der Themen schämen. Im Gegenteil. Aber da wir nicht als Paartherapeutinnen, sondern als Organisationsentwicklerinnen tätig sind, fanden wir es einfach besser so. Irgendwie konnten wir uns nicht vorstellen, einen Strategieworkshop zu moderieren und in der Pause gefragt zu werden: „Sagen Sie mal, wie war das denn bei Ihnen so? Ich hätte da mal eine Frage."

Trotzdem gibt es Dinge, die wir gerne über uns erzählen. Als wir uns vor vielen Jahren im beruflichen Kontext kennen gelernt haben, fanden wir uns sofort sympathisch. Seitdem verbindet uns eine tiefe Freundschaft. Vermutlich, weil wir uns so ähnlich sind. Wir waren und sind füreinander da. Dass wir beide dann diesen Fremdgehen-Scheiß erleben würden, konnte keiner ahnen. Abgesprochen war das sicher nicht. Wir haben uns in der Phase des Verarbeitens viele Fragen gestellt und aufgrund unserer Ausbildung und der Erfahrung als Beraterinnen und Coaches viele hilfreiche Ansätze gefunden. Vielleicht, so haben wir uns gefragt, wären diese Gedanken und Ansätze ja interessant für andere. So entstand dann die Idee für das Buch.

Was gibt es über uns zu sagen? Wir leben in einer neuen alten Beziehung. Wie haben Kinder unterschiedlichen Alters. Wir leben in Deutschland in unterschiedlichen Regionen. Wir lieben unsere Familien, das Leben und unseren Job und gemütliche Abende bei einem Glas Wein. Aber vor allem lieben wir es, den Dingen auf den Grund zu gehen. :-)

Mehr auf unseren Blog: www.esistpassiert.de

Die Autorinnen

Martina Steiner

Anna Brinkhofer

Die Illustratorin

Carmen Fibranz
Grafikdesignerin und Illustratorin
Inhaberin von Carmenfibranzdesign
www.fibranz.de

Literaturhinweise

1 Mohsen Charifi, Die Kunst Beziehungen in den Sand zu setzen, Piper, 2017, S. 81

2 John Gottmann, Die Vermessung der Liebe, Klett-Cotta, 2019, S. 73.

3 Senta Geleker, Der Zeigarnik-Effekt: wie man ihn sinnvoll nutzt, 30.09.2019, https://www.humanresourcesmanager.de/news/zeigarnik-effekt-wie-man-ihn-sinnvoll-nutzt.html, Abruf : 05.04.2021

4 John Gottmann, Die Vermessung der Liebe, Klett-Cotta, 2019, S. 82ff.

5 Jorge Bucay, Drei Fragen: Wer bin ich? Wohin will ich? Und mit wem?, Fischer, 2020, S. 284

6 Jorge Bucay, Drei Fragen: Wer bin ich? Wohin gehe ich? Und mit wem?, Fischer, 2020, S. 288ff.

7 Fiona Rohde, Diagnose Herzschmerz: Warum Liebeskummer so weh tut und was du dagegen tun kannst, 26. März 2017, https://www.gofeminin.de, Abruf: 21.05.2021

8 Wege aus dem Kummer, 07.11.2011, https://www.bildderfrau.de/lust-liebe/partnerschaft/article206712477/Wege-aus-dem-Kummer.html, Abruf: 21.05.2021

9 Irvin D. Yalom, Und Nietzsche weinte, btb, 1992, S. 405

10 Wege aus dem Kummer, 07.11.2011, https://www.bildderfrau.de/lust-liebe/partnerschaft/article206712477/Wege-aus-dem-Kummer.html, Abruf: 21.05.2021

11 Irvin D. Yalom, Und Nietzsche weinte, btb, 1992, S. 405

12 Jorge Bucay, Ich will ..., Fischer, 2018, S. 44-45

13 https://de.wikipedia.org/wiki/Elisabeth_Kübler-Ross, Abruf: 20.05.2021

14 Manfred Spitzer, Einsamkeit, Droemer, 2019, S. 219

15 https://de.wikipedia.org/wiki/Transtheoretisches_Modell, Abruf: 20.05.2021

16 Jorge Bucay, Drei Fragen: Wer bin ich? Wohin gehe ich? Und mit wem?, Fischer, 2020, S. 103

17 Mohsen Charifi, Die Kunst Beziehungen in den Sand zu setzen, Windpferd, 2017, S. 165

18 https://de.wikipedia.org/wiki/Hoffnung, Abruf: 21.05.2021

19 Mohsen Charifi, Du bist das Beste, was dir passieren kann. 52 Weisheiten zur Meisterschaft des Lebens, Windpferd, 2018

20 Roland Schulz, So sterben wir, Piper, Sept. 2020, S. 188

21 Elisabeth Kübler-Ross, Interviews mit Sterbenden, Kreuz, 1972, Neuauflage: Herder, Freiburg im Breisgau 2018

22 John Gottman, Die Vermessung der Liebe, Klett Cotta, 2019, S. 207/208

23 Dalai Lama, Desmond Tutu, Douglas Abrams, Das Buch der Freude, Heyne, 2019, S. 129

24 John Gottman, Die Vermessung der Liebe, Klett Cotta, 2019, S. 208

25 Bas Kast, Die Liebe und wie sich Leidenschaft erklärt, Fischer, 2016, S. 122

26 Bas Kast, Die Liebe und wie sich Leidenschaft erklärt, Fischer, 2016, S. 124-126

27 Paul Ekman, Gefühle lesen, Springer, 2. Auflage 2017, S. XIII

28 Paul Ekman, Gefühle lesen, Springer, 2. Auflage 2017, S. XIV

29 Dalai-Lama, Desmond Tutu, Douglas Abrams, Das Buch der Freude, Heyne, 2019, S. 335

30 Evelyn Oberleitner, Viele gute Gefühle, 18.12.2017, https://www.terra-institute.eu/viele-gute-gefuehle/, Abruf: 21.05.2021

31 Vielleicht hat die eine oder der andere die Serie „Lie to me“ gesehen. Sehr empfehlenswert, um sich dem Thema „Lügen erkennen“ zu widmen. Die Serie basiert auf der realen wissenschaftlichen Forschungsarbeit des Psychologen Paul Ekman und begleitet den

Protagonisten Dr. Cal Lightman und sein Team von Täuschungsexperten auf der Suche nach der Wahrheit. Die Experten der Lightman Group analysieren (häufig im Auftrag des FBI) neben der Körpersprache sogenannte Mikroexpressionen, unwillkürliche Bewegungen der Gesichtsmuskeln, die auf die wahre und unterdrückte Emotionslage hindeuten. Damit können sie herausfinden, ob die befragte Person lügt oder die Wahrheit sagt. Wichtig ist allerdings: nur weil jemand den Blickkontakt meidet oder die Arme vor dem Körper verschränkt, ist er noch lange kein Lügner. Es ist immer die Kombination aus Kontext, Körpersprache und Sprachinhalt, die den Lügner entlarvt.

32 Theratalk®-Studien, Worunter Betrogene nach einem Seitensprung leiden, Abschnitt: Wiedererleben, https://www.theratalk.de, Abruf: 21.02.2021

33 Mit der Transaktionsanalyse (TA) liefert die Psychologie ein Konzept, das die menschliche Persönlichkeitsstruktur erklärt. Entwickelt wurde es Mitte der 50er-Jahre von dem amerikanischen Psychologen Eric Berne. Für Berne lag in der menschlichen Kommunikation der Schlüssel zur Psyche, denn die Art und Weise der Kommunikation zeige den Charakter, aber auch Gefühle und Erinnerungen eines Menschen. Ihm fielen bei seinen Beobachtungen verschiedene Verhaltensweisen von Personen auf, die er in drei ICH-Zustände einteilt. Alle drei Ich-Zustände sind durch Denken, Fühlen und Verhalten geprägt und drücken sich bezogen auf die Kommunikation wie folgt aus: Das Eltern-Ich beispielsweise ist bevormundend, zurechtweisend oder umsorgend. Das Erwachsenen-ICH, ist erkennbar an einem konstruktiven Umgang mit Situationen, dem aufmerksamen Zuhören und reflektiertem Reden.

Das Kind-ICH lässt sich beobachten, wenn sich jemand spontan und ohne auf Konsequenzen achtend, albern oder auch trotzig verhält, aber auch phantasievoll, kreativ und neugierig an die Dinge herangeht. In der Kommunikation untereinander nehmen wir häufig nicht wahr, in welchem Zustand wir uns befinden, das heißt, das Verhalten läuft unbewusst ab. (vgl. https://karrierebibel.de/transaktionsanalyse/, Stand 21.02.2021, oder auch Eric Berne, Spiele der Erwachsenen, Rowohlt, 1967)

34 Thomas Schmidt, Seitensprung-Fibel.de, https://www.seitensprung-fibel.de/betrogene/rache-nach-fremdgehen.php, Abruf: 21.05.2021

35 The Paradoxical Consequences of Revenge, Kevin M. Carlsmith, Timothy D. Wilson und Daniel T. Gilbert, Journal of Personality and Social Psychology 95.6 (2008), S. 1316-1324

36 Violetta Simon, Der Seitensprung und seine Folgen – Rache ist weiblich, 11.07.2012, https://sueddeutsche.de, Abruf: 22.05.2021

37 Jorge Bucay, Drei Fragen: Wer bin ich? Wohin will ich? Und mit wem?, Fischer, 2020, S. 284

38 Jorge Bucay, Drei Fragen: Wer bin ich? Wohin will ich? Und mit wem?, Fischer, 2020, S. 285

39 https://de.wikipedia.org/wiki/Solidarität, Abruf: 23.05.2021

40 Seitensprung-Fibel.de, Gefangen in der Grübelschleife: Loslassen ist ein Prozess, https://www.seitensprung-fibel.de/geliebte-die-nicht-loslassen.php#artikel, Abruf: 22.05.2021

41 Petra Hollweg, Rätselhafte Affären, focus.de, Fokus Magazin Nr. 38, 2006, 10.09.2016, https://www.focus.de/kultur/leben/seitensprung-studie-raetselhafte-affaeren_aid_213601.html, Abruf: 17.10.2020

42 Petra Hollweg, Rätselhafte Affären, focus.de, Fokus Magazin Nr. 38, 2006, 10.09.2016, https://www.focus.de/kultur/leben/seitensprung-studie-raetselhafte-affaeren_aid_213601.html, Abruf: 17.10.2020

43 Petra Sandhagen, Die Beziehung nach dem seitensprung retten, Die Welt, veröffentlicht am 06.01.2007 https://www.welt.de/print-welt/article706612/Die-Beziehung-nach-dem-Seitensprung-retten.html, Abruf: 23.05.2021

44 Chris Stehlik, typisch-mann.at, Warum bleiben Männer in Beziehungen, obwohl sie eine andere Frau lieben?, https://www.typisch-mann.at/warum-bleiben-maenner-in-beziehungen-obwohl-sie-eine-andere-frau-lieben/, Abruf: 23.05.2021

45 A Tale of Two Brains - Men`s Brain Woman's Brain, Mark Gungor, youtube.de, 31.10.2012, https://www.youtube.com/watch?v=29JPnJSmDs0, Abruf: 21.05.2021

46 Heinz von Förster, Die erfundene Wirklichkeit, Herausgeber Paul Watzlawick, Piper, 2006, S. 40

47 Mohsen Charifi, Die Kunst Beziehungen in den Sand zu setzen, Windpferd, 2017, S. 36

48 Paul Watzlawick, Die Geschichte mit dem Hammer, Anleitung zum Unglücklichsein, Piper, 2010, S. 37ff

„Ein Mann will ein Bild aufhängen. Den Nagel hat er, nicht aber den Hammer. Der Nachbar hat einen. Also beschließt unser Mann, hinüberzugehen und ihn auszuborgen. Doch da kommt ihm ein Zweifel: Was, wenn der Nachbar mir den Hammer nicht leihen will? Gestern schon grüßte er mich nur so flüchtig. Vielleicht war er in Eile. Aber vielleicht war die Eile nur vorgeschützt, und er hat etwas gegen mich. Und was? Ich habe ihm nichts angetan; der bildet sich da etwas ein. Wenn jemand von mir ein Werkzeug borgen wollte, ich gäbe es ihm sofort. Und warum er nicht? Wie kann man einem Mitmenschen einen so einfachen Gefallen abschlagen? Leute wie dieser Kerl vergiften einem das Leben. Und dann bildet er sich noch ein, ich sei auf ihn angewiesen. Bloß weil er einen Hammer hat.

Jetzt reicht‘s mir wirklich. - Und so stürmt er hinüber, läutet, der Nachbar öffnet, doch bevor er »Guten Tag« sagen kann, schreit ihn unser Mann an: „Behalten Sie Ihren Hammer, Sie Rüpel!“ Wieder in seiner Wohnung sitzt er da mit seinem Bild in der Hand - enttäuscht und verzweifelt über seine Mitmenschen. Und er beschließt ganz fest: „Nie wieder sprech ich einen an!“

49 Jorge Bucay, Drei Fragen: Wer bin ich? Wohin gehe ich? Und mit wem?, Fischer, 2020, S. 192

50 Christian Thiel, Seitensprung: Beim Fremdgehen geht’s weniger um Sex, t-online.de, https://t-online.de, https://www.t-online.de/leben/liebe/id_42468926/seitensprung-warum-es-beim-fremdgehen-weniger-um-sex-geht.html, Abruf: 23.05.2021

51 Jorge Bucay, Drei Fragen: Wer bin ich? Was will ich? Und mit wem?, Fischer, 2020, S. 282

52 Birgit Ehrenberg, Beziehung nach Seitensprung: So werdet ihr nach einer Affäre wieder glücklich, Cosmopolitan.de, 19.07.2019, https://www.cosmopolitan.de/neustart-nach-einem-seitensprung-es-ist-passiert-und-jetzt-60747.html, Abruf: 21.05.2021

53 Erich Fromm, Die Kunst des Liebens, vgl. S. 90-91,

54 The Burning Platform: At nine-thirty on a July evening in 1988, a disastrous explosion and fire occurred on the Piper Alpha oil-drilling platform in the North Sea off the coast of Scotland. One hundred and sixty-six crew members and two rescuers lost their lives in what was (and still is) the worst catastrophe in the fifty-year history of North Sea oil exportation. One of the sixty-three crew members who survived was Andy Mochan, a superintendent on the rig. From the hospital, he told of being awakened by the explosion and alarms. Badly injured, he escaped from his quarters to the platform edge. Beneath him, oil had surfaced and ignited. Twisted steel and

other debris littered the surface of the water. Because of the water's temperature, he knew that he could live a maximum of only twenty minutes if not rescued. Despite all that, Andy jumped fifteen stories from the platform to the water. When asked why he took that potentially fatal leap, he did not hesitate. He said, "It was either jump or fry." He chose possible death over certain death. Andy jumped because he felt he had no choice—the price of staying on the platform was too high.
vgl. https://www.connerpartners.com/frameworks-and-processes/the-real-story-of-the-burning-platform, Abruf: 03.03.2021

55 Dieses Zitat wird häufig fälschlicherweise dem Philosophen Sokrates zugeschrieben. Mit ihm hat es jedoch nichts zu tun; es stammt aus dem 1980 publizierten Selbsthilfebuch, „Way of the Peaceful Warrior: A Book that Changes Lives". Der Autor und später erfolgreiche Coach Dan Millman nennt in dieser romanhaften Autobiographie einen Mann in einer Tankstelle, der ihm gute Ratschläge gibt, „Socrates". vgl. https://falschzitate.blogspot.com/, Abruf: 05.03.2021

56 Melanie Mittermaier, https://melanie-mittermaier.de/ueber-mich/, Abruf: 21.05.2021

57 Andrea Bräu, Wege aus der Dreiecksbeziehung, focus.de, 05.03.2016, https://www.focus.de/gesundheit/experten/braeu/wege-aus-der-dreiecksbeziehung-die-entscheidung-zwischen-zwei-menschen-ist-schwer_id_3694090.html, Abruf: 21.05.2021

58 Hans Jellouschek: Warum hast du mir das angetan – Untreue als Chance, Zusammenfassung/Rezension: Marco Ferrari, paarpraxis.ch, November 2013, https://www.paarpraxis.ch/resources/Zusammenfassung-Jellouschek-Untreue-als-Chance-2.pdf, Abruf: 21.05.3021

59 Thomas Schmidt, Liebe im Schatten: Mit 10 Schritten in die Freiheit, https://www.seitensprung-fibel.de/geliebte/liebe-im-schatten.php#2, Abruf: 23.05.2021

60 Selbstgespräch „Männer lieben anders", Eckart von Hirschhausen, Fokus.de, Fokus Magazin 53/2009, 09.09.2015, https://www.focus.de/gesundheit/gesundleben/partnerschaft/beziehung/selbstgespraech-maenner-lieben-anders_aid_466135.html, Abruf: 23.05.2021

61 Eckart von Hirschhausen, Intelligente Frauen, 03.04.2017, youtube.de, https://www.youtube.com/watch?v=quZ5v5T6G88, Abruf: 21.05.2021

62 Kate Ratliff und Shigehiro Oishi (2013). Gender Differences in Implicit Self-Esteem Following a Romantic Partner's Success or Failure. Journal of Personality and Social Psychology und Hinter jeder erfolgreichen Frau ... steht ein eifersüchtiger Mann, 02.09.2013, https://www.alltagsforschung.de/hinter-jeder-erfolgreichen-frau-steht-ein-eifersuchtiger-mann/, Abruf: 23.05.2021

63 Dr. Peter Gray ist Forschungsprofessor am Boston College und Autor des Buches „Free to Learn" (Basic Books) und „Psychologie"

64 Sabrina, Ungebetene Ratschläge: Ich hasse sie, Sie hassen sie, Ihren Kindern geht es genauso, permondo.eu, 26.11.2014, http://www.permondo.eu/de/ungebetene-ratschlage/, Abruf: 23.05.2021

65 Claus Koch, Trennung der Eltern, Verständnisvolle Scheidungskinder gibt es nicht, Seite 2/3: Wie es dem Kind sagen?, zeit.de, 31.05.2016, https://www.zeit.de/gesellschaft/familie/2010-05/familie-scheidung/seite-2, Abruf: 01.05.2021

66 Mohsen Charifi, Die Kunst Beziehungen in den Sand zu setzen, Windpferd, 2017, S. 128

67 Mohsen Charifi, Die Kunst Beziehungen in den Sand zu setzen, Windpferd, 2017, S. 130

68 theratalk®.de, Studie „Offene Partnerschaft/offene Beziehung -

Häufigkeit und Zufriedenheit der Partner“, https://www.theratalk.de/studie_offene_partnerschaft_beziehung.html, Abruf: 21.05.2021

69 Benedikt Ahlfeld, Offene Partnerschaft: Ja, du darfst mit meiner Freundin schlafen und ich liebe sie trotzdem, benediktahlfeld.com, https://www.benediktahlfeld.com/blog/offene-partnerschaft, Abruf: 21.05.2021

70 Kristina Coop Gordon, Paartherapie: Keine Wertung vornehmen, aerzteblatt.de, PP5, Ausgabe 2006, S. 271, https://www.aerzteblatt.de/archiv/51749/Paartherapie-Keine-Wertung-vornehmen, Abruf: 23.05.2021

71 Thomas Schmidt, Schuldgefühle hin oder her: die Moral vom Fremdgehen, seitensprung-fibel.de, https://www.seitensprung-fibel.de/fremdgehen/schlechtes-gewissen.php#2, Abruf: 21.05.2021

72 Jorge Bucay, Drei Fragen: Wer bin ich? Wohin gehe ich? Und mit wem?, Fischer, 2020, S. 66

73 Eva-Maria Zurhorst, Liebe dich selbst, dann ist es egal, wen du heiratest, Goldmann

74 Mohsen Charifi, Du bist das Beste, was Dir passieren kann, 52 Weisheiten zur Meisterschaft des Lebens, Windpferd, 2018

75 Jorge Bucay, Drei Fragen: Wer bin ich? Wohin gehe ich? Und mit wem?, Fischer, 2020, S. 58

76 Jorge Bucay, Drei Fragen: Wer bin ich? Wohin gehe ich? Und mit wem?, Fischer, 2020, S. 77

77 https://de.wikipedia.org/wiki/Selbstbehauptung, Abruf: 16.12.2020

78 Stephen R. Covey, The 7 Habits of Highly Effective People, Fireside, 1989, S. 98f, dt. Die 7 Wege zur Effektivität, Gabal

79 Jorge Bucay, Drei Fragen: Wer bin ich? Wohin gehe ich? Und mit wem?, Fischer, 2020, S. 200

80 Jorge Bucay, Drei Fragen: Wer bin ich? Wohin gehe ich? Und mit wem?, Fischer, 2020, S.276

81 Birgit Schmid, Wie kann man seinem Partner eine Affäre verzeihen? Eine Anleitung, nzz.ch, 19.10.2018, https://www.nzz.ch/vertrauen/vertrauen-nach-liebesverrat-zurueckgewinnen-eine-anleitung-ld.1427423, Abruf: 23.05.2021

82 Werner Bartens, Was Paare zusammenhält, sz-magazin.sueddeutsche.de, 11.05.2012, https://sz-magazin.sueddeutsche.de/liebe-und-partnerschaft/beziehung-wissenschaft-paare-liebe-78954, Abruf: 21.05.2021

83 „Liebe ist kein Gefühl“, ein Interview mit Marshall B. Rosenberg von David Luczyn und Serena Rust; MultiMind 04/2004

84 Mohsen Charifi, Ein Tag mit der Liebe, Windpferd, 2016

85 Birgit Neuruhrer, Warum die Liebe blind macht und wir trotzdem lieben!, gedankenkompetenz.com. 14.02.2020, https://www.gedankenkompetenz.com/warum-die-liebe-blind-macht-und-wir-sie-trotzdem-lieben/, Abruf: 19.05.2021

86 Christian Wolf, Liebe ist Biochemie – und was noch?, dasgehirn.info, 28.03.2013, https://www.dasgehirn.info/handeln/liebe-und-triebe/liebe-ist-biochemie-und-was-noch, Abruf: 19.05.2021

87 Christian Wolf, Liebe ist Biochemie – und was noch?, dasgehirn.info, 28.03.2013, https://www.dasgehirn.info/handeln/liebe-und-triebe/liebe-ist-biochemie-und-was-noch, Abruf: 19.05.2021

88 Christian Wolf, Liebe ist Biochemie – und was noch?, dasgehirn.info, 28.03.2013, https://www.dasgehirn.info/handeln/liebe-und-triebe/liebe-ist-biochemie-und-was-noch, Abruf: 19.05.2021

89 Dalai Lama, Desmond Tutu, Douglas Abrams, Das Buch der Freude, Heyne, 2019, S. 249

90 Friedemann Schulz von Thun ist ein deutscher Psychologe und Kommunikationswissenschaftler. Sein Name fällt immer dann, wenn es um die „vier Seiten einer Nachricht” geht oder „das innere Team“ trainiert wird.

91 Gunther Schmidt leitet das Milton-Erickson-Institut in Heidelberg und ist ärztlicher Direktor der von ihm mit gegründeten sysTelios Privatklinik für Psychotherapie und psychosomatische Gesundheitsentwicklung in Siedelsbrunn. Er gilt als einer der Pioniere der Verbindung von Systemischer Therapie und Hypnotherapie nach Milton Erickson zu einem ganzheitlichen Konzept (hypnosystemisches Integrationsmodell).

92 Michael Bohne ist Facharzt für Psychiatrie und Psychotherapie. Er ist Begründer der Prozess- und Embodimentfokussierten Psychologie (PEP) und hat die sogenannte Energetischen Psychologie (EP) weiterentwickelt.

93 Gary Chapman, Die 5 Sprachen der Liebe, Francke, 2019

94 Gary Chapman, Die 5 Sprachen des Verzeihens, Francke, 2019

95 Mohsen Charifi, Du bist das Beste, was dir passieren kann. 52 Weisheiten, Windpferd, 2018

96 Dalai Lama, Desmond Tutu, Douglas Abrams, Das Buch der Freude, Heyne, 2019, Seite 239

97 Dalai Lama, Desmond Tutu, Douglas Abrams, Das Buch der Freude, Heyne, 2019, S. 237

98 Dalai Lama, Desmond Tutu, Douglas Abrams, Das Buch der Freude, Heyne, 2019, Seite 237

99 Dalai Lama, Desmond Tutu, Douglas Abrams, Das Buch der Freude, Heyne, 2019, Seite 242

100 Dalai Lama, Desmond Tutu, Douglas Abrams, Das Buch der Freude, Heyne, 2019, Seite 247

101 https://de.wikipedia.org/wiki/Vergebung_(Psychologie), Abruf: 12.01.2021

102 Dalai Lama, Desmond Tutu, Douglas Abrams, Das Buch der Freude, Heyne, 2019, Seite 248

103 https://de.wikipedia.org/wiki/Vergebung_(Psychologie), Abruf:12.01.2021

104 Dieser schrittweise Prozess wurde der Welt in der Global Forgiveness Challenge (forgivenesschallenge.com) zur Verfügung gestellt.

105 Gary Chapman, Die 5 Sprachen der Liebe, Francke, 2019, S. 10ff

106 Susen und Karsten Stanberger, Die Grasbeißerbande, SCEN Zeitwertverlag, 2016

107 Kommt eine lange Beziehung wirklich nicht ohne Seitensprung aus?, Oskar Holzberg, Brigitte 17/2018, https://www.brigitte.de/liebe/beziehung/fremdgehen--braucht-jede-beziehung-einen-seitensprung--11251574.html, Abruf: 22.06.2021

108 Eine Affäre zu überstehen, stärkt die Beziehung, Ilona Habben, https://www.brigitte.de/liebe/beziehung/partnerschaft--eine-affaere-zu-ueberstehen--staerkt-die-beziehung-10212730.html, Abruf: 22.06.2021

109 Mohsen Charifi, Du bist das Beste, was dir passieren kann, Windpferd, 2018